小学语文教材文本解读与教学设计

崧舟 细讲 文本

王崧舟 —— 著

长江出版传媒 长江文艺出版社

图书在版编目（CIP）数据

崧舟细讲文本：小学语文教材文本解读与教学设计 /
王崧舟著. -- 武汉：长江文艺出版社，2021.7（2025.2 重印）
（大教育书系）
ISBN 978-7-5702-2185-1

Ⅰ. ①崧⋯ Ⅱ. ①王⋯ Ⅲ. ①小学语文课－教学设计
Ⅳ. ①G623.202

中国版本图书馆 CIP 数据核字（2021）第 105522 号

崧舟细讲文本 ： 小学语文教材文本解读与教学设计
SONGZHOU XI JIANG WENBEN ： XIAOXUE YUWEN JIAOCAI WENBEN
JIEDU YU JIAOXUE SHEJI

责任编辑：施柳柳　李婉莹　　　　责任校对：程华清
装帧设计：柒拾叁号　　　　　　　责任印制：邱　莉　丁　涛

出版：长江出版传媒　长江文艺出版社
地址：武汉市雄楚大街 268 号　　　邮编：430070
发行：长江文艺出版社
http://www.cjlap.com
印刷：湖北新华印务有限公司

开本：710 毫米×970 毫米　　　1/16　印张：13.875
版次：2021 年 7 月第 1 版　　　2025 年 2 月第 5 次印刷
字数：132 千字

定价：45.00 元

自序

本书写作，试图唤醒教师们对以下问题的思考：

第一，文本解读与教材分析的区别究竟在哪里？

第二，语文教师的文本解读使命是否仅限于教学解读？

第三，文本解读策略是修炼的终极法门吗？

经常有教师问我，教师教学用书中不是有现成的教材解析吗？干吗还要搞文本解读呢？此类质疑，十多年前我就有过思考。我以为，在"文本解读"和"教材解析"之间画等号，似乎草率了些。任何概念的提出，都不可能是凌空出世的。它们总是基于某种历史文化语境，在特定语境中创生而成的。就像"对话"与"交流"不能同日而语，"探究"与"提问"不能相提并论一样。

"文本解读"和"教材解析"来自两个不同的观念系统和话语系统。它们的语义内涵不仅取决于它们自身的概念存在，更是被它们所由来的观念系统和话语系统框定的。两者的根本区别在于，在"教材解析"所置身的话语系统中，语言被指述为工具，因为是工具，因此它是外在于人的生命存在的，语言是语言，内容是内容，于是，教材解析就是内容解析。而在"文本解读"的前置语境中，语言（准确地说是"言语"）是本体，言语是存在的家，言语性是生命的本质属性、固有属性，而不是外加的。那么它所钻研的不是剥离了语言的内容，而是言语本身。注意，是言语本身！这是第一位的。

其次，所谓教材，意味着教师在解析文本之前，已经有一个先在的限定：文本是"教材"，文本已经被异化、窄化、浅化为"教材"，教师能读出的不过是文本作为教材的"教学重点""教学难点""教学特点"和"教学疑点"，"四点"之外可有文本乎？哀哉！我只能"念文本之悠悠，独怆然而涕下"矣！文本解读，则首先让文本返回到原初状态去。原初并非仅指开端，原初就是原本、本原、本体。文本解读，就是将文本返回本体。从这个意义上说，作为文本的"文本"是源，作为教材的"文本"是流；作为文本的"文本"是本，作为教材的"文本"是末；作为文本的"文本"是皮，作为教材的"文本"是毛。

这样说，丝毫没有抬高文本解读、贬低教材解析的意思。恰恰相反，教材解析是文本解读的一项重要使命，自有其存在的意义和价值。

于是，就引出第二个问题的思考：语文教师的文本解读使命是否仅限于教学解读？文本的教学解读，当然是语文教师解读文本的应有之义。所谓文本的教学解读，就是基于教学、为了教学、在教学中的文本解读，它不仅取决于解读者的专业能力和综合素养，还受制于服务对象的认知特征和课程教学的目的意图。质言之，文本教学解读的边界取决于课程，我们称之为课程边界。因此，教学解读不能过度求深、求新、求广。

但是，愚以为，仅限于教学解读的文本解读是一种短视行为。事实上，这种短视行为直接导致一线语文教师对文本解读的轻视、忽视、甚至鄙视。客观上，教师工作繁忙、杂务缠身，确乎无暇静心搞什么文本解读，况且，教师教学用书又有现成的教材解析，何必多此一举呢；而主观上，不少教师缺乏文本解读的专业修炼，甚至不知文本解读为何物，要他们独立直面文本、独自解析文本，确乎是一件勉为其难的苦差事。

而我自己的成长经历，以及我所了解的一大批名师的成长经历告诉我，语文教师文本解读的使命远非教学解读一项所能囊括。事实上，语文教师的文本解读，首先应该返回初心，返回到最自然、最纯粹的原生态解读。语文教师直面文本的时候，最初的身份不是语文教师，而是普通读者。作为读者，自然地、自由地、自主地解读文本，应该是语文教师的原初使命。在原生态的文本解读过程中，你大可以尽情享受阅读带来的快感、美感、灵感，甚至伤感、痛感，甚至无感。原生态的文本解读，几乎没有边界，一切误读、谬读、错读，都有其不可替代的意义和价值。一定要说边界，那也只能是作为读者的那颗初心。心有多大，解读就有多大；心有多远，解读就有多远；心有多高，解读就有多高。实践证明，原生态的文本解读，是提升语文教师专业素养的必由之路。

是必由之路，却不是终极使命。语文教师文本解读的终极使命是回到自身、反观自身、解放自身、成就自身、超越自身。随着教龄的增长、经验的累积，我越来越深切地感受到，任何文本都不过是自己的镜子，有的文本像放大镜，照见你不曾注意的生命细节；有的文本像望远镜，照见更为辽远的生命景象；有的文本像多棱镜，照见一度被遮蔽的生命光谱；有的文本像潜望镜，照见深埋底层的生命原欲。

文本解读，就是自我解读。解读文本，就是解读自我。我们能解读的，最终不是文本，而是借由文本重新看见的那个自己。诚如荀子所言："君子之学也，以美其身。"

这又涉及第三个问题：文本解读策略是修炼的终极法门吗？如果，我们掌握了本书所讲的各种文本解读策略，而且运用起来得心应手、左右逢源，是否意味着自身的文本解读素养已经臻于化境了呢？事实上，这样的可能性微乎其微。相反，倒是经常会遭遇这样的尴尬：学了策略，用了策略，文本解读还是不得要领、难入堂奥。这是因为，说一千道一万，策略不过是工具，工具自身不会运作，运作工具的只能是人。人的底蕴、人的素养、人的格局、人的境界，最终决定了工具运作的效果、效能和效应。

这就涉及一个非常重要的解读范畴——"前见"，或者说"前理解""前结构""前把握"，这是解读得以发生的先决条件。伽达默尔说过："谁试图去理解，谁就面临了那种并不是由事情本身而来的前见解的干扰。"姚斯也说过："任何一位读者，在其阅读一部具体文学作品之前，都已处于一种先在理解或先在知识的状态；没有这种先在理解与先在知识结构，任何文本都不可能为经验所接受。"一句话，我们总是从自身的"前见"出发去解读文本，同时，"前见"也构成了文本解读的边界。

"前见"的内涵非常广泛，既包括了我们所拥有的语言、生活阅历、人生体验、知识储备、审美素养、个性心理、思维方式、情感态度价值观等，也涵盖了我们所处的时代环境、文化背景、历史传统、风俗习惯等对解读产生影响的所有因素。质言之，"前见"就是当下的全部的精神自我。

修炼这个当下的全部的精神自我，才是文本解读修炼的终极法门。一个完整而强大的精神自我，才能娴熟地驾驭文本解读策略这套工具，才能迈向"赤橙黄绿青蓝紫，'自'持彩练当空舞"的美妙境界。

本书是我的在线课程《统编小学语文文本解读与案例分析》的文字实录稿，能顺利出版，要特别感谢"王崧舟工作室"（临安点）的诸位学员，他们是：梅晨霞、施于红、张译文、卢何超、陈晓普、陈雅婷、张小芳、杨武、盛莉、姚叶婷、史佳、童如晶、吕萍、周丹、王雁春、余亚莲、马珊、王辰窈、盛丽红、舒杭。这些学员利用休息时间，反复回看我的讲座视频，多次整理修改文字实录。是他们的牺牲和认真，才有了本书的最终出版。

在此，谨向上述学员表示衷心感谢。

2021 年立春于泊静斋

目 录 | CONTENTS

第一讲　分析矛盾

——以《慈母情深》为例

从今天起，我和老师们一起分享《统编小学语文文本解读与案例分析》这门课程。为什么要讲这门课程？我教了35年的语文，有很多体会，其中非常重要的体会是，文本解读太要紧了。文本解读是语文老师重要的基本功，甚至可以说是语文老师的立身之本。

但是，现实的情况是，很多一线的语文老师对文本解读往往比较忽视，虽然有的人有这个意识，但是往往缺乏相应的策略和方法。所以，很多语文老师离开了教学用书，离开了教学参考资料，离开了名师的教学设计、课堂实录，对文本解读就很难下手，很难找到自己对文本解读的感觉。可以说，推出这门课程对语文老师的专业成长是非常有必要的。

我们的第一讲，是所有文本解读策略中最基本、最常用也是最重要的策略——"分析矛盾"。陈思和先生在《中国当代名篇十五讲》当中有一段话，他说："文本细读是一种能力，它可以帮助你在阅读文学名著时，透过文字或者文学意象，达到作品隐蔽的精髓之地。"

1

文本细读与文本解读在本质上是一致的。文本解读作为一种专业能力，一定不是泛泛阅读，一定不是人云亦云。文本解读最终要引领我们达到什么？用陈思和先生的话来说，就是要达到"作品隐蔽的精髓之地"。请注意，有两个关键词，第一个关键词是"精髓"，第二个关键词是"隐蔽"。所谓"精髓"，当然是文本最有价值的地方；所谓"隐蔽"，那就是一般人看不到，大多数人看不到，它深藏在文本的腹地。

问题来了！怎样才能达到作品隐蔽的精髓之地呢？孙绍振先生在《孙绍振如是解读作品》中有这样一段话："要理解艺术，不能被动地接受，还原了，有了矛盾，就可能进入分析，就主动了。"孙先生的话可以概括成一个术语："分析矛盾"。要达到作品隐蔽的精髓之地，就要掌握"分析矛盾"这一文本解读的核心策略。

我们知道，矛盾是事物对立的两个方面，但同时又统一在事物之中。可以说，对立统一是矛盾的基本属性。要分析矛盾，首先要学会寻找对立的双方：对立的一方是什么？对立的另一方又是什么？这种对立又是怎么统一在事物中的？最后，这样一对矛盾在这个文本中究竟要表达什么、表现什么？回答了上述问题，我们也就完成了一次基于矛盾分析的文本解读。

下面，我们就从一个具体作品入手，来分析一下这个文本具有怎样的矛盾，这样的矛盾究竟在表现什么。我们要分析的这个文本是统编小学语文五年级上册第18课——《慈母情深》。《慈母情深》选自长篇小说《母亲》，作者是当代著名作家梁晓声先生。

那么，我们怎么运用分析矛盾的策略对这个文本进行解读呢？

第一对矛盾：给钱多与没有钱

我们要分析的第一对矛盾是什么呢？咱们一起来看。矛盾的一方是"给我这么多钱"，矛盾的另一方是"母亲只有这么一点钱"，这是一对矛盾。我们来看看这对矛盾在文本中是怎么表达出来的。

我们先来看矛盾的一方"给我这么多钱"。小说开头第一段就直截了当地告诉我们"书价一元多钱"。其实本来可以不写这句话的，写"我一直想买一本长篇小说——《青年近卫军》"就可以了，事情的起因已经讲清楚了。显然，这里作者是刻意地把书价给标示出来了，"书价一元多钱"。现在的孩子可能对这个书价没什么感觉，一元多钱才多少钱？一元多钱也能算钱吗？在我们看来，一元多钱是完全可以忽略不计的。

但是请注意，联系小说的时代背景，那是在二十世纪五六十年代的时候。那个时候，一般老百姓的生活都比较贫苦，老百姓的收入都非常低。对那个时候的家庭来说，"一元多钱"绝对不是一个小数目，绝对不是一个可以忽略不计的数目。

我们往下看，作者在这里继续强调"母亲还从来没有一次给过我这么多钱。我也从来没有向母亲一次要过这么多钱"。注意！"这么多钱"出现两次，显然，这又是在刻意地强调，"一元多钱"绝对不是一个小数目。

我们继续看，"你这孩子，谁叫你给我买水果罐头的！不是你说买书，妈才舍不得给你这么多钱呢！"前面"这么多钱"出现两次，说明小说中的"我"知道这是一笔大钱。这里站在母亲的角度，说明母亲也知道这是一笔大钱。其实，小说中还有一个细节：母亲在那个工厂里一个月才挣多少钱？二十七块钱。我们按照一个月三十天来计算，母亲辛苦干活一天能挣多少钱？九毛钱，还不到一元钱。我们知道，实际的书价是一元五角钱。这就意味着，这笔钱相当于母亲辛苦干活两天挣到的钱。我们还知道，母亲挣来的二十七元钱，是要养活一家老小五口的。这二十七元钱，是全家人的活命钱。现在，"我"要了其中的一元五角钱，也就是说，三十天的活命钱中少了两天。"这么多钱"，绝对不是夸张，绝对不是刻意渲染，它就是一个巨大的事实。一元五角钱，是"我们"一家五口两天的活命钱！好，这是矛盾的一个方面。

那么，矛盾的另一个方面是什么呢？是"母亲只有这么一点钱"。怎么看出母亲没有什么钱？怎么看出"我们"家没有什么钱？我们看，"收音机已经卖了"，不到万不得已，怎么可能卖收音机呢？没钱啊。母亲在厂里干活，每月才挣二十七元钱，每天才挣九毛钱，没钱啊。

我们继续看，"母亲掏衣兜，掏出一卷揉得皱皱的毛票"。注意这个"掏"字！没有钱，所以用"掏"。掏出来的是什么呢？注意这个"毛票"！不是五元十元的大钞，是一毛两毛的小钞。这毛票还被"揉得皱皱的"，没有钱啊。这揉得皱皱的毛票，还只有小小的"一卷"，没有钱啊。

再看，"母亲却已将钱塞在我手里了"。注意这里的"塞"！这么一点钱，为什么是"塞"给"我"？为什么是"塞"在"我"手里？因为母亲太知道了，这是一笔大钱啊！一个"塞"字，在无声地叮嘱"我"：孩子，攥紧了，拿好了，千万别丢了，这么多钱啊！

看结尾，"那天母亲数落了我一顿。数落完，又给我凑足了买《青年近卫军》的钱"。明明没有钱，却要再拿出一元五角钱。注意这个"凑"字，东拼西凑，也许向邻居借一点，也许省下别的开支，这才凑足了又一笔"一元五角"钱。所有这些信息、这些叙述、这些非常容易被我们滑过去的细节，都在告诉我们一个基本事实：母亲没有什么钱。

大家看，这是我们分析出来的第一对矛盾。一方面，母亲没有什么钱；另一方面，母亲却给了"我"这么多钱。那么，这对矛盾一旦被我们发现，背后想要表达的意图、想要抒发的情感、想要传递的思想，我想，作为读者的我们难道还会看不出来吗？

第二对矛盾：给钱多与挣钱难

来看第二对矛盾。"给我这么多钱"，这是矛盾的一个方面；矛盾的另一个方面是，"母亲极其不容易地挣来这么一点钱"。"给我这么多钱"，我们在前面已经分析过了。"母亲极其不容易地挣来这么一点钱"，小说又是怎么叙述和描写的呢？

第一个角度，是环境描写。母亲在什么环境下挣钱？我们看小说的描写："空间非常低矮""四壁潮湿颓败""正是酷暑炎夏""光线阴暗""犹如身在蒸笼"。请问，这还是人待的地方吗？

再看，"七八十台破缝纫机发出的噪声震耳欲聋"。注意"震耳欲聋"这个词！这得是多大的噪声啊？这得是多高的分贝啊？但问题的要害还不在这里。如果是放鞭炮，"震耳欲聋"虽然也难受，但毕竟只是一个瞬间、只是一下两下而已。我们需要生起敏感的是，这个"震耳欲聋"只是一个瞬间吗？只是一下两下而已吗？显然不是！从小说的叙事看，"震耳欲聋"根本就没有停止过。从"我"进入工厂开始，到"我"离开工厂为止，根本就没有停止过。

关于这一点，小说中有大量细节描写，我们看："一个老头对我大声嚷"，为什么要大声嚷？"震耳欲聋"啊。"我大声说出了母亲的名字"，正常情况下怎么可能大声说母亲的名字？没办法，"震耳欲聋"啊。"母亲大声问"，为什么要大声问？"震耳欲聋"啊。旁边的女人对母亲喊完又对"我"喊，为什么喊？不排除有激动的情绪在里面，但是最主要的原因是，"震耳欲聋"啊。"母亲却已将钱塞在我手里了，大声回答那个女人"，这里也不排除有自豪的心情在里面，但同样的道理，之所以要大声回答，是因为"震耳欲聋"啊！大家听一听，这"震耳欲聋"的噪声停止过吗？请注意，这还只是一天而已。明天呢？"震耳欲聋"啊！后天呢？"震耳欲聋"啊！明年呢？"震耳欲聋"啊！后年呢？"震耳欲聋"啊！这样的劳动环境，谁受得了？可是，母亲就是在这样的环境下挣着这么一点点的辛苦钱啊！

第二个角度，是外貌描写。从外貌上看，母亲都已经变成什么样子了？"看见一个极其瘦弱的脊背弯曲着"，不是一般的瘦弱，是极其瘦弱。我们不妨想象一下，"极其瘦弱"的脊背会是一个怎样的脊背。

注意看，接下去还有一段非常经典的描写："背直起来了，我的母亲。转过身来了，我的母亲。褐色的口罩上方，一对眼神疲惫的眼睛吃惊地望着我，我的母亲的眼睛……"这段外貌描写显得非常特别：第一，"我的母亲"居然出现了三次；第二，"我的母亲"居然出现在每句话的后面。本来，按照常理，这段文字应该写成这样："我的母亲背直起来了，转过身来了，褐色的口罩上方，一对眼神疲惫的眼睛吃惊地望着我。"然而，作者没有这样写。那么，作者为什么要那样写呢？那样写究竟有着怎样的效果呢？那样写的背后承载着作者怎样的情思呢？我们不妨感受一下，那样写，语言节奏是不是慢下来了？拍电影有一种特殊镜头，叫"慢镜头"，大家都有感受。慢镜头的一种表达效果，就是让观众能够更清晰、更仔细地关注镜头的内容。显然，作者这样写，的确有这样的意图。"背直起来了"，这是一个怎样的脊背啊？极其瘦弱，隐隐地透着一根根肋骨。"我"看着这样的脊背，难道就没有一点点触动吗？这是"我"母亲的脊背吗？"我"记忆中的母亲不是这样的脊背啊！所以，紧接着写"我的母亲"，不只是在确认，同时也流露着犹豫、流露着不敢确认。这样的表达，显然蕴含着更复杂、更深沉的情思。"转过身来了，我的母亲。"转过身来，"我"看见的是母亲的面容，尽管是戴着口罩的母亲的面容，但我们可以想见，那一定不是"我"记忆中母亲的面容。曾经的母亲，多么美丽，多么红润。但是现在呢？那种在现场带给"我"的冲击，甚至不是语言能够表达的。慢镜头还在缓缓推移，"褐色的口罩上方，一对眼神疲惫的眼睛吃惊地望着我，我的母亲的眼睛……"请问，那会是一双怎样的眼睛呢？一定不再清澈，一定不再明亮。见到母亲的那个当下，"我"一定是被震惊到了。因为，母亲挣钱的那个外貌，完全颠覆了"我"自己对母亲的记忆；因为，作为儿子的"我"，根本就没有好好地看过自己的母亲。为什么会这样？生活的重担，劳作的艰辛，挣钱的不易，长期损耗着母亲的体力，也长期摧残着母亲的健康。

再看，"母亲掏衣兜，掏出一卷揉得皱皱的毛票，用龟裂的手指数着"。注意"龟裂"这个词。有点生活经验的人应该知道，"龟裂的手指"一般出现在两种人身上：一种是上了年岁的老年人，一种是长期靠双手直接劳作的打工人。母亲那时虽然不再年轻，但也不至于很老。这只能说明，是长期用双手的直接劳作，才导致了母亲的双手变得龟裂。

这些外貌上的、细节上的描写，不是直接写母亲挣钱的不容易，但是更能击打我们的心灵。母亲挣的是什么钱啊？血汗钱！每天如此高强度地劳作，挣来的却是这么一点点血汗钱。

第三个角度，是动作描写。我们刚才分析的这个慢镜头——"背直起来了，我的母亲。转过身来了，我的母亲。褐色的口罩上方，一对眼神疲惫的眼睛吃惊地望着我，我的母亲的眼睛……"也可以看作动作描写。长期伏案劳作，"背直起来"是很不容易的，只能慢慢地直起来；"转过身来"，也会比较困难，只好慢慢地转过来。这同样写出了母亲挣钱的辛苦与劳累。

小说中还有一段很经典的动作描写："母亲说完，立刻又坐了下去，立刻又弯曲了背，立刻又将头俯在缝纫机板上了，立刻又陷入手脚并用的机械忙碌状态……"为什么要连着使用四个"立刻"？没必要呀！"母亲说完，立刻又坐了下去，弯曲了背，将头俯在缝纫机板上，陷入手脚并用的机械忙碌状态……"表达的意思丝毫没有改变啊！或者，考虑到四个"立刻"在用词上的机械单调，我们不妨找些近义词来换一换。这样的近义词不是没有，多得是啊！"母亲说完，立刻又坐了下去，马上又弯曲了背，迅速又将头俯在缝纫机板上了，赶紧又陷入手脚并用的机械忙碌状态……"

我们看，句式没有任何改变，意思没有任何改变，唯一改变的是什么？是节奏，是语流，是气势。四个"立刻"，形成一种排比的语势，层层叠叠，势不可当。在这样的节奏里，母亲连喘一口气的工夫都没有啊！如果说，前面写母亲外貌的是一个慢镜头，那么，这里就是一个非常典型的快镜头。争分夺秒，只为挣上这一点点的血汗钱啊！

第二对矛盾我们现在已经分析清楚了：母亲极其不容易地挣来这么一点钱，却又极其容易地给了"我"这么多钱。这对矛盾的背后，我们已然能够感受到无私、博大的母爱了。矛盾的冲突，却是一种情感的升华。沉浸在如此深厚的母爱中，我们会不会有一种鼻子一酸的冲动呢？

第三对矛盾：挣钱难与"乱" 花钱

但是，这篇小说在情思上的超拔之处，更体现在第三对矛盾中。矛盾的一方面是：母亲极其不容易地挣来这么一点钱。矛盾的另一方面是："我"却用这一大笔钱买了闲书。

按照常理，这一大笔钱假如真有急用，比如身体不舒服要去看病，比如欠了学费不得不缴纳，那也情有可原。退一步说，要了这一大笔钱，是去买生活必需品，比如，衣服穿旧了，买一件新衣服；比如，大米吃完了，买一袋大米回来；比如，热水瓶坏了，买一个新的热水瓶。这些，我们也都能理解，都能接受。

但是，在那个时代里，在那个环境中，我们最不能理解、最不能接受的是，居然买了闲书。想一想，既然挣钱这么不容易，既然要了这么大笔钱，那么用我们的话来说，钱应该用在刀刃上，应该用在正事上。然而，"我"最终用这一大笔钱来买闲书。

小说一开头就这样写——"我一直想买一本长篇小说——《青年近卫军》"，直截了当地说了，买小说。也难怪，小说在接下去要写到"旁边一个女人"。其实，这个女人就是广大读者的代言人："别给！没你这么当妈的！供他们吃，供他们穿，供他们上学，还供他们看闲书哇！"看，这个女人已经替广大读者说出了心声。没吃的，拿钱去可以；没穿的，拿钱去可以；没用的，拿钱去可以。这些，再苦再累，当妈的也都认了。但是，用来买闲书，门儿都没有！后面那个女人对"我"反问:"你忍心朝你妈要钱买书哇?"从表面看,是这个女人在反问。其实,是广大读者在反问。这第三对矛盾,不仅决定着小说中母亲这个人物形象的高度,也决定着这篇小说在思想上的深度。

现在,我们不妨先梳理一下这三对矛盾:第一对矛盾——"一次要这么多钱"和"母亲只有这么一点钱";第二对矛盾——"一次要这么多钱"和"母亲极其不容易地挣来这么一点钱";第三对矛盾——"一次要这么多钱"和"用这么多钱买闲书"。

如果我们继续分析下去,就会发现,这三对矛盾其实可以统一在更深入的一对矛盾中,这对矛盾就是:在极其缺钱的情况下,母亲以极其艰辛的劳作挣来这么一大笔钱,竟然给"我"买了闲书。这里,矛盾的一个方面是:在极其缺钱的情况下,母亲以极其艰辛的劳作挣来这么一大笔钱。矛盾的另一个方面是:"我"用这一大笔钱买了闲书。

我们应该不会忘记,文本解读就是要抵达文本隐蔽的精髓之地。那么,我们通过一次又一次的矛盾分析,最终抵达了《慈母情深》这个文本隐蔽的精髓之地:"我"竟然用母亲给的一大笔血汗钱买了闲书。

可以这样说,抓住了这对最关键、最隐蔽的矛盾,我们就出色地完成了一次专业的文本解读。首先,通过分析这对矛盾,小说的人物形象就能得到深刻、精准的把握。《慈母情深》塑造的主人公是"母亲"这个形象。在一层一层的矛盾分析中,我们发现了"母亲"的吃苦耐劳，发现了"母亲"的坚忍不拔。但是，那个年代，要说吃苦耐劳、坚忍不拔，很多人都是这样。在进一步的矛盾分析中，我们发现了"母亲"的尊重文化，发现了"母亲"的精神追求。为了孩子的知识渴求（买闲书），再苦再累母亲都心甘情愿；为了孩子的精神成长（看闲书），省吃俭用母亲都无怨无悔。她尊重知识、尊重文化，心甘情愿地让儿子拿那么一大笔钱去买闲书，她理解儿子的精神需求。而她之所以能理解并尊重儿子的精神需求，一定是她自己也同样有着内在的精神追求。她知道，比起满足物质的需求，人应该有更高的精神追求。正如先哲讲的那样：如果你有两块面包，你得用一块去换一朵水仙花。必须承认，这是那个年代的母亲较少具有的品质。这样一位母亲的形象，不仅让人感动，也令人肃然起敬。

其次，通过分析这对矛盾，我们对小说中"我"的精神成长也有了深刻而精准的把握。我们知道，矛盾既是对立的，也是统一的。在对矛盾的分析表述中，我们是用"居然""竟然"这些词语将对立的矛盾双方统一起来的。"居然"也好，"竟然"也罢，都在传递一种认知张力——没有想到会这样，都在渲染一种情感张力——真的出乎意料啊。而这样的张力，不正是小说中的"我"心灵发育的精神动力吗？没有这样的张力，"我"怎么会有"第一次觉得自己长大了，应该是一个大人了"的人生顿悟啊？

最后，通过分析这对矛盾，我们对小说的主旨也有了深刻而精准的把握。每一层矛盾分析，都像是一面镜子，一方面照亮了小说中的每一个人物，同时也照亮了每一个小说的阅读者，包括正在解读文本的我们。《慈母情深》虽然写了这样一位母亲，但作者要刻画的又不仅仅是这样一位母亲。在原小说《母亲》的结尾，梁晓声这样写道："由我的老母亲，很想到千千万万的几乎一代人的母亲中，那些平凡的甚至可以认为是平庸的在社会最底层喘息着苍老了生命的女人们，对于她们的儿子，该都是些高贵的母亲吧？一个个写来，都是些充满了苦涩的温馨和坚忍之精神的故事吧？"

不瞒大家说，我第一次读《慈母情深》，与小说中"我"的感受几乎是一样的。当读到"我"鼻子一酸，攥着钱跑了出去的时候，我也禁不住鼻子一酸，想哭的冲动一下子就涌了上来。那一刻，我想到了我的母亲。

总之，分析矛盾既是文本解读的方法，运用这种方法，我们发现原本浑然一体的文本中存在这样那样的一对又一对矛盾，我们发现这些矛盾在对立中的统一，并且发现统一背后所隐藏的文本的内涵与意蕴；同时，分析矛盾也是文本解读的方法论，是关于方法的方法。其中涉及文本解读的各种基本原理，比如，矛盾的普遍性、特殊性；比如，矛盾的主要方面与次要方面；比如，主要矛盾与次要矛盾；比如，矛盾既对立又统一的辩证关系等。

没有矛盾，就不会有文本的生成；没有矛盾分析，文本解读就寸步难行。可以说，矛盾意识是文本解读最重要、最核心的意识。

当然，这个功夫不是一蹴而就的，"冰冻三尺非一日之寒"，我们需要用极艰苦的努力、极尖锐的敏感性、极持久的耐性去实践。

滴水能穿石，功到自然成。

附:

书的力量,爱的共识

——《慈母情深》（两课时）教学设计

广西柳州市东环路小学　郑梨花

一、　教材内容

统编小学语文教科书五年级上册第18课。

二、　教学理念

课文《慈母情深》记叙了母亲在极其艰难的生活条件下，省吃俭用，支持和鼓励"我"读课外书的往事，表现了慈母对子女的深情，以及孩子对母亲的敬爱之情。

这篇小说刻画了一个有毅力、有远见、有信仰的母亲形象。课文通过"要钱买书""拿钱买罐头""再凑钱买书"的故事情节，以及工厂嘈杂恶劣的环境描写来反映生活的艰难，并烘托出"我"对读书的渴望，母亲也支持"我"读书的伟大。因此，梳理情节、体会人物、读懂环境将是本文教学的重点。

1. 还原矛盾，深悟情感表达。在故事情节的推进与"我"的情感变化中蕴藏着三组矛盾。第一，"我"家非常穷，"我"却想要钱买书。第二，家穷不是因为父母不努力，相反，母亲挣钱很辛苦。第三，家那么穷，母亲那么辛苦工作，"我"却想要钱买书，而母亲居然也给，还不止给了一次。教学时，还原这三组矛盾，才能真正体会"我"要钱时的犹豫与愧疚，母亲支持"我"读书的无比伟大，以及"我"对母亲的无限感激。

2. 品读细节，体会人物形象。母亲是一个有毅力、有远见、有信仰的人。通过品读母亲的工作环境与外貌，体会到母亲辛勤工作，不被生活击垮的坚毅形象。而从母亲的语言与行为中，又能体会到她与其他工友的不同，体会到她对于读书与学习是有信仰的，她坚定地知道读书能改变一个人的思想格局。

3. 补白想象，直抵思想内核。这篇文章的年代比较久远，学生不了解那个年代生活的贫困，不知道人们生活的状态。因此在品读细节描写的同时，需要进行大量的补白想象，有对工作环境的拓展想象，有对母子关于用钱的对话想象，有对日常生活状态的补充想象，还有对"我"抒发情感的心理想象等。在一次次的品读、想象、朗读中，加深对时代的了解，对人物的理解，以及对情感的认同。

三、 教学目标

1. 核心目标：还原故事中蕴藏的三组矛盾，体会有毅力、有远见、有信仰的母亲形象。

2. 条件目标：能正确、流利、有感情地朗读课文；抓主要事件，梳理故事的主要内容；品读细节描写，感受"我"向母亲要钱买书的愧疚与得到支持后的感激；补白想象，对比阅读，体会慈母情深。

四、 教学过程

（一）整体感知，梳理情节

1. 齐读课题，导入新课。

2. 学生自由读文章，概括文章的主要内容。

3. 学生交流汇报。

［明确］抓住文章的主要人物——"我"和母亲，以及两人之间发生的事。

第一件事："我"问母亲要钱买书。

第二件事："我"拿钱买了罐头给母亲。

第三件事：母亲数落了"我"之后，又凑钱给"我"买了"我"的第一本长篇小说。

4. 初步感知故事情节的曲折动人。

思考：当你第一次读这篇文章的时候，有哪些情节是你意想不到的？

［预设1］拿到钱之后"我"没有买书，而是去买水果罐头。

［预设2］"我"买了水果罐头之后，妈妈又凑钱给"我"买了这本书。

小结：剧情一次又一次地让人意想不到，这样的故事多么吸引人。

（二）聚焦细节，体会贫穷

1. 对比思考：现在的我们问父母要钱买书是容易的，而文中的"我"要买书，则很困难？为什么？

［明确］生活在 50 年前文中的"我"的家庭，是贫穷的，对于这样的家庭，买一本书很困难。

2. 默读并圈画出描写"我"家穷的语句，品读理解。

［预设 1］"那时我家的破收音机已经卖了，被我和弟弟妹妹们吃进了肚子里。"

说理解：破收音机不能卖几个钱，但还是要将它卖掉，买食物活下去。说明家里非常困难。

［预设 2］问母亲要钱的场景。

母亲大声问："你来干什么？"

"我……"

"有事快说，别耽误妈干活！"

"我……要钱……"

我本已不想说出"要钱"两字，可是竟说出来了！

"要钱干什么？"

"买书……"

"多少钱？"

"一元五角……"

母亲掏衣兜，掏出一卷揉得皱皱的毛票，用龟裂的手指数着。

（1）品读标点符号，体会"我"的犹豫与愧疚。

"我"说出来的话都是带有省略号的，说明表达是断断续续的，犹豫的，愧疚的。联系上文知道原因，当"我"看到母亲工作环境的恶劣，想到母亲赚钱的不容易，便不敢理直气壮地向她要钱。

（2）品读人物语言与动作，体会家境贫穷。

"我"说"一元五角"，这个"一元五角"好像不多。联系下文，母亲给钱需要"掏"衣兜，给的钱是"揉得皱皱的毛票"，而且数钱的手是"龟裂"的。可见，家里没有多余的钱，母亲工作极其不容易，而"一元五角"对于当时"我"的家庭来说是"不行"的。

［预设3］"不是你说买书，妈才舍不得给你这么多钱呢！"

"母亲还从来没有一次给过我这么多钱。我也从来没有向母亲一次要过这么多钱。"

联系生活，对比理解："这么多"在文中反复出现，但对于如今的我们，"一元五角"甚至更多，都不是那么难支取的。

［预设4］"数落完，又给我凑足了买《青年近卫军》的钱。"

补白想象：母亲会去哪里"凑"，怎么"凑"？

小结：文章从头到尾不止一次地写穷，一个词、一个动作、一句话，甚至一张纸币，都在告诉我们那个年代，那个家庭，钱很少，钱只够填饱肚子，钱不能乱动。

（三）聚焦人物，体会辛劳

过渡：那么穷，是父母不努力工作吗？相反地，母亲工作很辛苦。你从哪里读出母亲挣钱的辛苦？

1. 品读母亲的工作环境，体会挣钱的辛劳。

> 七八十台破缝纫机发出的噪声震耳欲聋。
>
> 周围几只灯泡烤着我的脸。

（1）补白想象：你耳边仿佛听到什么，脸上是什么感觉？

（2）补充原文，说感受。

2. 品读母亲的外貌，体会挣钱的辛劳。

> 背直起来了，我的母亲。转过身来了，我的母亲。褐色的口罩上方，一对眼神疲惫的眼睛吃惊地望着我，我的母亲的眼睛……
>
> 极其瘦弱的脊背弯曲着
>
> 龟裂的手指
>
> 母亲原来是那么瘦小！

朗读感悟：

"我"母亲的背是——极其瘦弱的，弯曲着的。

"我"的母亲戴着一个——褐色的口罩。

"我"的母亲有一对——眼神疲惫的眼睛。

"我"的母亲有一双——龟裂的手。

"我"的母亲原来——那么瘦小!

3. 品读母亲的动作,体会挣钱的辛劳。

母亲说完,立刻又坐了下去,立刻又弯曲了背,立刻又将头俯在缝纫机板上了,立刻又陷入手脚并用的机械忙碌状态……

说理解:四个"立刻"写出母亲动作的娴熟,写出时间的紧迫和母亲争分夺秒挣钱的状态。

4. 思考:是什么,让母亲变得这般瘦弱、疲惫?

(1)补充原文资料,进一步体会工作环境的恶劣。

(2)补白想象生活的艰难:母亲不仅白天工作,晚上还要洗衣晾晒、做家务;为了省钱,母亲只能在昏暗的灯光下一针针、一线线地缝补衣裳;上下班,母亲舍不得花五分钱、一毛钱坐车,全靠走路……

(3)生产力低下,物资匮乏,粮食紧缺的年代。

小结:在如此恶劣的工作环境中,在那个困难的年代里,母亲用自己单薄的身躯支撑着这个家,多么辛苦,多么疲惫。

(四)还原矛盾,体会伟大

过渡:你要用这钱来买闲书,换作别的母亲,会给吗?

1. 对比母亲与工友的语言和态度：工友态度坚决，不支持母亲给钱买书；母亲却毫不犹豫地掏出了钱。

2. 对比母亲对"钱"的用处的态度："我"拿钱买了罐头，母亲是不同意的；后来母亲又凑钱给"我"买书。

3. 情境创设：换了要买别的东西，母亲会给得那么坚决吗？

（1）如果你说："妈，我衣服破了，想买一件新的。"母亲会怎么说？

（2）如果你说："妈，家里的米不够了。"母亲会怎么说？

（3）如果你说："妈，煤用光了。"母亲会怎么说？

小结：唯独你说要买书，妈才会把她辛辛苦苦挣来的血汗钱给你。

4. 情境还原：家境贫穷。

（1）你可曾记得，前不久，家里穷得连破收音机都——卖掉。

（2）此时家里的米缸——早已见底。

（3）弟弟妹妹饿得——只能吃野菜。

（4）为了省钱，母亲还——走路上下班，衣服缝了又补。

小结：家里那么穷，你还要买书，而母亲居然也给钱。

5. 情境还原：母亲挣钱辛劳。

（1）你进工厂找母亲的时候，分明看见工厂是这样的——七八十台破缝纫机发出的噪声震耳欲聋。周围几只灯泡烤着"我"的脸。（生读）

（2）你清楚瞧见母亲是这样的——极其瘦弱的脊背弯曲着。一对眼神疲惫的眼睛。龟裂的手指。那么瘦小。（生读）

（3）你看到母亲疲惫的样子，回想起——（生自由说）

6. 思辨：家里那么缺钱，母亲那么辛苦赚钱，却支持"我"买闲书，还连续给了两次钱，这是为什么？你看到一个怎样的母亲？

小结：即使家庭贫困，赚钱不容易，生活艰难，但她无条件地支持"我"买书。因为她本能地知道书是有营养、有能量的，她知道读书会让人看到不一样的世界，她知道书对"我"是有帮助的。此时的"我"分明看到一位有毅力、有远见、有信仰的母亲。

（五）进入角色，体会情深

1. 小练笔：请你替文中的"我"向母亲说几句话。
2. 生朗读展示，师相机评价。
3. 总结提升：文章的题目形容母亲为"慈母"，她的慈爱表现在坚定地支持孩子读书这件事上。而"我"怎么能不感激这样一位有毅力、有远见、有信仰的母亲呢？这就是母子情深。

五、 板书设计

慈母情深

家穷

挣钱不易

支持买书

母亲：有毅力、有远见、有信仰

第二讲　把握结构
——以《卖火柴的小女孩》为例

文本解读的第一个策略，也是最重要、最基本、最核心的策略——"分析矛盾"，我们通过对《慈母情深》这个文本的解读进行了具体阐释和说明。

我们知道，分析矛盾就是要抓矛盾对立又统一的双方。但在实际运用过程中，我们会发现，有些矛盾需要在字里行间加以提炼，这就是"提炼矛盾"；而有些矛盾，就一个文本本身来说，有时候很难发现，因为好的文本往往浑然一体，根本找不到突破口，找不到可以撕裂开来的一方和另一方，这就需要借助另外的文本，通过比较才能发现文本本身的矛盾，这就是"比较矛盾"；还有的文本，本身也是天衣无缝、浑然一体，根本看不出有什么矛盾，似乎就应该是这个样子，但矛盾肯定是存在的，这就需要还原它，想象这个文本在没有诞生之前还存在别的可能，拿这个可能跟文本现在的形态相比较，就能发现矛盾，我们称之为"还原矛盾"。

分析矛盾这个策略其实适用于所有文本的解读，而且是所有文本解读策略中最核心、最重要的策略。比如，我们今天要解读的文本是统编小学语文教科书三年级上册第8课《卖火柴的小女孩》，这是经典文本，经典童话，有着永恒的魅力。这个文本用分析矛盾的策略怎么解读呢？

第一对矛盾：现实与幻觉

这个童话故事，最容易被发现、也是最明显的矛盾，是现实和幻觉之间的矛盾。我们知道，小女孩所处的现实是"小手几乎冻僵了"，因为天非常寒冷，于是出现了幻觉——火炉，给小女孩带来温暖。现实的"寒冷"与幻觉的"温暖"形成矛盾。

现实中的小女孩又冷又饿，她可能整整一天都没有吃东西了，幻觉中出现了烤鹅，那是多么美味的东西啊。现实的"饥饿"与幻觉的"饱腹"形成矛盾。

现实中的小女孩光着脚，原本穿的那双大拖鞋也不是她的，是她妈妈的，她被疾驰而来的马车吓坏了，丢了一只，还有一只也被那个小男孩抢走了。而她眼前出现的幻觉是圣诞树，她渴望被人疼爱，渴望有一个甜蜜的家。现实的"贫苦"与幻觉的"富足"形成矛盾。

现实中的小女孩如果回去就一定会挨打，被她的爸爸打，在家里得不到亲情的温暖与呵护。幻觉中就出现了奶奶，奶奶是那么慈祥、那么温和，奶奶给了她多少慈爱与关怀。现实的"冷漠"与幻觉的"慈爱"形成矛盾。

现实中的小女孩不敢回家。家不是一个物理概念，而是心灵港湾，应该给人带来最安全、最温暖的感受，可是她没有这样的家。现实中，小女孩几乎过着地狱般的生活，而幻觉中她却跟奶奶飞走了。她飞到哪里去了呢？飞向了天堂。当然谁都不知道天堂在哪儿，谁都没有去过天堂。但是，对小女孩来说，被奶奶抱着、疼着、爱着，和奶奶在一起，那就是天堂。现实的"黑暗"与幻觉的"光明"形成矛盾。

第二对矛盾：性格与遭遇

第二对矛盾有一定的难度，不一定能马上捕捉到。因为，有的矛盾需要比较，有的矛盾需要提炼，还有的矛盾需要还原。

第二对矛盾是小女孩的性格和她所处遭遇之间的矛盾。童话《卖火柴的小女孩》刻画了一个怎样的主人公形象呢？我们一起来看。

她乖巧，大冷天还在外面光着脚卖火柴，不敢回家，多么懂事。

她美丽，金色的头发卷卷的，雪花飘落在自己头上，那么美丽，她却没有注意。

她善良，即便那只拖鞋被小男孩抢走了，她也没有追赶，没有怨恨，她多么善良。

她纯洁，她是被活活冻死的，但是她的嘴角留着微笑。在如此悲惨的遭遇中，她没有抛弃希望，没有失去信仰，可以说，这是一位跌落到人间的天使。

我们常说"好人有好报"，这是一般读者普遍存在的集体无意识。

事实上，小女孩没有好报，至少在现世意义上没有得到好报。她遭遇的是寒冷、饥饿、贫穷、孤独、痛苦，她遭遇的就是地狱。天使跌落到地狱，这是第二对矛盾，这一对矛盾会引起很多人的共鸣。

想一想，如果是个坏人遭遇这些，更多读者的自然反应是"活该"，是"罪有应得"。即便偶尔会有人心生怜悯，但很难被感动，很难有撕心裂肺的感觉。而小女孩的遭遇，却令人有一种心碎的感觉。

这对矛盾需要我们通过提炼才能发现。于是，在分析矛盾的过程中，我们对这个文本的解读就进入到更加隐蔽的精髓之地。

第三对矛盾：环境与内心

第三对矛盾，是隐藏最深的矛盾。一边是小女孩生活的整个环境，或者说社会现实，一边是小女孩内在的心灵。简单地说，环境如此丑恶、冷漠、黑暗，小女孩的内心却如此光明、善良、纯真。

我们先来看看矛盾的一方——现实环境。这一天，没有任何人买过小女孩一根火柴，社会是多么冷漠；马车疾驰而过，根本没有把小女孩看在眼里，极度自私。一天没有卖出一根火柴，回家就会挨打，连最亲的父亲都变得如此可憎。社会多么不公，有的人家有香喷喷的烤鹅，有的人家有美丽的圣诞树，小女孩却什么都没有。她最后被活活冻死，却没有一个人愿意向她伸出援助之手。可以说，她所处的环境就是人间地狱。我们说"近朱者赤，近墨者黑"，在地狱般的环境下，小女孩是否也变得像他们一样呢？是否变得像他们一样自私、一样冷漠、一样丑恶呢？我们来看矛盾的另一方——内在心境。即使身处地狱般的环境，小女孩的内心依旧如此光明、如此善良、如此纯真，她的内心活在天堂里。

小女孩在最低的境遇中活出了最高的境界，她带给我们的不仅仅是同情，更是敬意。这样高贵的灵魂难道不值得我们对她充满敬意吗？换了你，能够在这么悲惨的生活中活出这么高的境界吗？学者顾悦说："小女孩的力量来自她心中存有的'天上的盼望'。这种来自彼岸世界的力量，可以超越世间的痛苦，使她能够'靠永恒''战胜那可变的东西'，即使面对死亡，也依然能保持微笑。"这里所讲的"天上的盼望"，就是信仰。

从《卖火柴的小女孩》中，我们读出的不仅仅是同情，如果你只读出同情，那只是很浅显的感受。我们只有通过对第二对矛盾、第三对矛盾的深入解读，才能读出小女孩身上那种来自彼岸世界的力量，那种可以超越世间痛苦的力量。这种解读对我们来说，才有更大的启示意义和价值。

通过分析矛盾，我们差不多抵达了这个童话故事最隐秘的精髓之地——信仰的力量与启示。

下面我们再从"把握结构"来解读这个童话故事。

什么是"把握结构"？学者曹禧修在《中国现代文学形式批评理论与实践》中有这样一段话："从思维的逻辑层面上讲，我们对文本内容的分析始终是从形式的把握入手达到理解和发现意义的目的。"

什么意思？就是说，我们对文本内容的分析首先也只能从形式的角度入手，进而理解文本内容的意义。

文本形式是有着不同层次的。语言文字符号就是文本最直接、最表层的形式；语言文字之间形成的某种相对独立、相对完整的逻辑关系，就是文本的深层形式；而语言文字背后的思维方式、组织方式则是文本的底层形式。无论文本的深层形式还是底层形式，我们都可以将其称为"文本结构"。文本结构是文本的高级形式，不同结构表达不同意义，以实现不同的表达意图和目的。

《卖火柴的小女孩》作为经典童话故事，这个文本的结构是什么？有着怎样的意图和目的呢？

表层结构：现实—幻觉—现实

《卖火柴的小女孩》的整体结构可以分成三个部分。第一个部分从文章开头"天冷极了，下着雪，又快黑了"一直到第4自然段"他们头上只有个房顶，虽然最大的裂缝已经用草和破布堵住了，风还是可以灌进来"为止。这是整个文本的第一个部分，这个部分写的是"现实"。我们知道，小女孩之所以产生幻觉，是有现实根源的。这个现实根源在哪儿呢？就在第一个部分。

从第5自然段"她的一双小手几乎冻僵了"开始，直到第9自然段"她俩在光明和快乐中飞走了，越飞越高，飞到那没有寒冷，没有饥饿，也没有痛苦的地方去了"，这是第二个部分。先出现火炉，再出现烤鹅,接着出现圣诞树,然后出现奶奶,最后和奶奶一起飞走。这一部分都是在写"幻觉"。

第三个部分也就是最后两段,从第 10 自然段"第二天清晨"开始到第 11 自然段"她曾经多么幸福,跟着她奶奶一起走向新年的幸福中去",又回到"现实"。

这样一梳理,我们就能发现《卖火柴的小女孩》的基本结构:"现实—幻觉—现实。"那么问题来了:从现实到幻觉是怎么衔接的?从幻觉到现实是怎么衔接的?"现实—幻觉—现实"又是怎么统一起来的?

细心的老师会发现,《卖火柴的小女孩》这个童话故事中,有一个非常重要的道具,或者说非常重要的支架。没错,这个道具,或者说支架,就是"火柴"。

正是火柴把现实和幻觉连在一起,也正是火柴把幻觉和现实连在一起,更是火柴把现实、幻觉和现实整个地统一起来。如果我们做一个词语频率的统计,你会发现,第一个现实部分,"火柴"出现了 3 次;第二个幻觉部分,"火柴"出现了 14 次;第三个现实部分,"火柴"出现了 1 次。"火柴"这个词在全文一共出现了 18 次,这绝对是一个高频词。请问:"现实—幻觉—现实"这一结构,用"火柴"把它们全部串起来,意味着什么?

我们先来看看,火柴分别出现在哪些地方?

第一次出现在"她的旧围裙里兜着许多火柴",因为她是个卖火柴的小女孩;"这一整天,谁也没买过她一根火柴","火柴"第二次出现;第三次在"她不敢回家,因为她没卖掉一根火柴"。这三次都在第一个现实部分。这时候的火柴就是现实中的火柴，除了点明身份、衬托窘况、暗示命运，还没有发挥神奇的作用。

第四次出现在"哪怕一根小小的火柴，对她也是有好处的！"慢慢地就通过火柴进入幻觉了："她敢从成把的火柴里抽出一根，在墙上擦燃了，来暖和暖和自己的小手吗？"火柴进一步把小女孩引向幻觉："火柴燃起来了"，幻觉出现了；"火柴灭了"，幻觉消失了，只剩下火柴梗；火柴燃起来了，再次进入幻觉；火柴又灭了，再次回到现实。这是在第二个部分，前前后后一共出现了 14 次火柴。这里的火柴，开始发挥神奇的作用，它们正是引发小女孩幻觉的道具、支架。

火柴最后一次出现在第三个部分："小女孩坐在那儿，手里还捏着一把烧过的火柴梗。"严格来说，火柴已经没有了，只剩下火柴梗了。这里的火柴又成了现实中的火柴，跟第一个部分相呼应，从现实又回到现实。所不同的是，第一个现实中火柴是"活"的（可以擦燃），第二个现实中火柴是"死"的（不能擦燃）。

正是贯穿整个文本的 18 次"火柴"，把"现实—幻觉—现实"串联起来，成为一个有机整体。这样的结构意味着什么？这到底是个怎样的结构呢？

隐喻结构：擦燃—熄灭—擦燃

我们先来看火柴，看看火柴本身有什么特点？

当火柴被擦燃的时候出现了光明，而光明出现的时候，幻觉就出现了。小女孩的各种愿望都在幻觉当中得到满足。当火柴熄灭，黑暗一片，在黑暗中她又回到了现实。其实，这是个隐喻结构。

如果说"现实—幻觉—现实"是表层结构，那么火柴的"擦燃—熄灭—擦燃"就成了这个故事的隐喻结构。火柴擦燃，象征光明；火柴熄灭，象征黑暗。而火柴擦燃，出现的只是幻觉，是短暂的；火柴熄灭，回到的现实却是那样漫长。所以，用火柴把三个部分串联起来的结构，就是一个隐喻结构。

在这个隐喻结构中，"幻觉"部分特别需要我们深入细读。我们发现：小女孩的几次幻觉，在某种程度上暗合了马斯洛的需要层次理论。大家知道，马斯洛的需要层次，从最低层次生理的需要开始，慢慢地往上提升，到安全的需要，归属的需要，尊重的需要，自我实现的需要。这五个层次的需要逐步往上提升，人类最高的需要是自我实现和自我超越。

小女孩的几次幻觉，恰恰符合马斯洛的需要层次理论。我们不妨来看看五次"幻觉"的叙事结构：

第一次，现实是冻僵，幻觉是火炉，渴望的是温暖，对应的是第一个层次——生理的需要。这次幻觉的叙事结构是什么呢？先是擦燃一根火柴，然后出现幻觉，好像觉得火炉出现了，最后是熄灭。所以"擦燃—幻觉—熄灭"这个叙事结构是完整的。

第二次，现实是又冷又饿，幻觉是烤鹅，渴望的是饱食，同样属于生理需要。这时的叙事结构也是"擦燃—幻觉—熄灭"，跟第一次相同。

第三次，现实是没有钱，幻觉是圣诞树，渴望的是富足，这时上升到第二个层次——安全的需要。这时叙事结构发生了变化，火柴被擦燃了，幻觉"坐在美丽的圣诞树下"出现了，火柴熄灭，但是幻觉"天上的星星"没有消失。

第四次，现实是可能会挨打，幻觉是奶奶，渴望的是得到关爱，这时需要层次进一步上升，到了归属的需要。而这时的叙事结构又发生了变化，擦燃—幻觉，火柴没有熄灭，幻觉没有消失，一直在亮光里。

第五次，现实是不敢回家，幻觉是飞走了，渴望的是幸福，这时上升到马斯洛需要层次的最高两个层次：尊重的需要，自我实现的需要。这时的叙事结构跟第四次一样，也是擦燃—幻觉，虽然幻觉没有消失，但这次擦燃的是整个一把火柴，幻觉变得更加明亮。

幻觉的叙事结构很独特，大有深意。我们发现，每一次擦火柴的叙事，基本结构是相似的：擦燃—幻觉—熄灭；但是叙事结构每一次都有微妙而精致的变化，第三次擦火柴的叙事结构是转折的关键，因为第三次火柴熄灭了，幻觉没有消失。我们发现，需要越来越强烈，幻觉变得越来越持续，也变得越来越真实。

我们一旦读懂了幻觉的叙事结构，就会进一步思考这样的问题：这篇童话为什么不写小女孩擦亮第一根火柴时就和奶奶一起飞走呢？既然她的最高需求是和奶奶在一起，第一次擦火柴的时候就满足她，不行吗？事实上，这个问题困扰过很多读者。

其实，从童话叙事的角度看，这个文本最大的秘妙就在这里。作者之所以不这样写：

第一，从人性需求的角度看，需求的强烈程度是逐步递升的，不是一蹴而就的，这是对人性最大的尊重。

第二，从叙事艺术的角度看，五次擦燃火柴的叙事，使整个故事显得曲折多变，引人入胜。讲故事就要让人爱听故事，故事要有吸引力。

第三，从篇章节奏的角度看，五次擦燃火柴的叙事，有详有略，节奏鲜明，这叫详略得当。

第四，从彰显主旨的角度看，蓄势铺垫、卒章显志。就是说，前面的"擦燃"与"幻觉"的出现，都是在为后面的"擦燃"与"幻觉"的出现做铺垫。一直到最后一次"擦燃"与"幻觉"的出现，才真正揭示出故事所指涉的"信仰"这一主旨。如果说，一开始的"擦燃"与"幻觉"，引发的是读者的同情与怜悯，那么，到了最后的"擦燃"与"幻觉"，引发的就不仅仅是同情与怜悯，更是敬意与顿悟。至此，我们才真正懂得，小女孩是一个有信仰的人，是一个拥有彼岸力量的人。对于一个有信仰的人来说，死亡就不再是痛苦，而是解脱、新生。"带着微笑"的死亡，就是"带着信仰"的新生。这样的人，不仅仅是让我们去同情的，更是要让我们生出敬意来的。

作家梁晓声说过这样一段话："《卖火柴的小女孩》是安徒生的含泪之作，对于人世间的不公平，它也确是一面镜子，但是它所唤起的并不是憎恨和革命，而是同情和人道主义。"

对于这样的人道主义，我们同样应该升起一份敬意。

附：

用想象编织温暖

——《卖火柴的小女孩》（两课时）教学设计

上海市松江区第三实验小学　童芳情

一、 教材内容

统编小学语文教科书三年级上册第 8 课。

二、 教学理念

《卖火柴的小女孩》的作者是丹麦著名的童话作家安徒生。课文讲述了一个卖火柴的小女孩大年夜冻死在街头的故事。全文以火柴为线索，先写小女孩上街卖火柴，再写小女孩蜷缩在墙角里擦燃火柴取暖，最后写小女孩捏着烧过的火柴梗冻死了。文章重点描述了小女孩五次擦燃火柴，产生美好的幻象，这奇妙的想象，将小女孩的悲惨境遇烘托到了极致。

本单元是"中外童话"单元，围绕这一专题，教材选取了四篇风格各异的童话，安排了以读童话、编童话、讲童话为主要内容的综合性学习。作为童话故事，奇妙的想象是其鲜明的特点；运用各种策略引导学生展开充分朗读和想象，读懂童话，创编童话，爱上童话，也是童话类文本教学的重点。

1. 驱遣想象，助力朗读，以读悟情，以读达情。这篇童话语言朴素自然，生动隽永，文章的语句除表层意思外，还蕴含作者对小女孩命运深切的同情。童话富于想象，小女孩的生活境况距三年级学生的现实生活较远，同时，本篇童话中作者基于现实展开合理想象的表达方法也是学生难以把握的，因此，在读中理解、体会非常重要。教学时应致力于情境创设，挖掘学生丰富的想象力，从而助力朗读，以读悟情，以读达情。难点一：朗读"卖火柴"部分描写现实的句子，想象画面，感受小女孩的寒冷、饥饿、恐惧与孤独。难点二：朗读"擦燃火柴"部分描写幻象的句子，边读边想象，读出幻象中的"美好"与"幸福"。难点三：比较朗读描写现实与幻象的部分，在实与虚的强烈对比中感受小女孩命运的悲惨。

2. 想象画面，对比体会，品味语言，体悟情感。"卖火柴"部分，应围绕关键词语"可怜"，引导学生回归文本，找出能具体体现小女孩"可怜"的语句，谈谈自己的感受，感受小女孩处境的悲惨。联系文中的细节描写，"可怜"可具体细分为寒冷、害怕、饥饿、孤独四个层面，要引导学生抓住"冷、雪、黑、赤着脚""冲、吓""又冷又饿、哆哆嗦嗦"等词语，想象画面，体会小女孩当时的寒冷、恐惧、饥饿、孤独，读出她的可怜。"擦燃火柴"部分，大年夜，小女孩却在街上叫卖火柴，忍受着寒冷、恐惧、饥饿、孤独，她坐在一座房子的墙角，一次次擦燃了火柴。可以让学生回忆自己大年夜是怎么度过的，在鲜明的对比中体悟小女孩的悲惨境遇，加深对小女孩内心渴望的理解。

3. 基于现实，合理想象，迁移运用，改编结局。《卖火柴的小女孩》是童话单元的开篇，从中了解作者基于现实展开合理想象的表达方法是本课的教学目标之一。要引导学生懂得文中擦燃火柴时出现的幻象源于小女孩的现实渴求，了解安徒生创作《卖火柴的小女孩》也是基于自己的童年生活现实，再进行想象、虚构、加工的。在学生明白想象并非凭空而来，而是基于现实的合理加工后，还要引导学生迁移运用，基于现实，发挥合理想象，给小女孩改编一个自己喜欢的结局。

三、 教学目标

1. 核心目标：从五次擦燃火柴及看到的幻象对比中感受小女孩命运的悲惨。

2. 条件目标：正确、流利、有感情地朗读课文，了解作者基于现实展开合理想象的表达方法，并尝试改编故事结局，激发阅读童话的兴趣。

四、 教学过程

（一） 自读课文，归类学习字词

1. 谈话导入，激发兴趣，引入童话。

（1） 图片出示著名的童话书籍。学生交流自己读过的童话故事。

（2）引入课题，简要介绍作者及时代背景。

2. 带着问题，自读课文，学习字词。

（1）自由朗读全文，读准字音，读通句子。

（2）边读边想：课文围绕小女孩讲了一个什么故事？是按什么顺序写的？

（3）归类学习词语，出示：

火柴　围裙　火焰　蜡烛　亮光　烛光　清晨

可怜　暖和　温和　寒冷　痛苦

（二）梳理脉络，感受人物遭遇

1. 围绕问题，整体感知，理清脉络。

（1）交流：课文围绕小女孩讲了一个什么故事？是按什么顺序写的？

（2）了解故事大意，理清文章脉络。

快速默读课文，想一想：课文哪些自然段分别在写小女孩卖火柴、擦燃火柴、冻死街头？

第一部分　卖火柴　　第1—4自然段

第二部分　擦燃火柴　第5—9自然段

第三部分　冻死街头　第10—11自然段

2. 学习第1—4自然段"卖火柴"部分，深入解读小女孩的

"可怜"。

(1) 读完故事，卖火柴的小女孩给你留下了怎样的印象?

(2) 抓住关键词语"可怜"，体会小女孩处境的悲惨。自读"卖火柴"部分，找出能具体体现小女孩"可怜"的语句，谈谈自己的感受。

天冷极了，下着雪，又快黑了。这是一年的最后一天——大年夜。在这又冷又黑的晚上，一个乖巧的小女孩，赤着脚在街上走着。(寒冷)

她穿过马路的时候，两辆马车飞快地冲过来，吓得她把鞋都跑掉了。(恐惧)

她又冷又饿，哆哆嗦嗦地向前走……因为这是大年夜——她可忘不了这个。(饥饿)

她在一座房子的墙角里坐下来，蜷着腿缩成一团。她觉得更冷了。她不敢回家，因为她没卖掉一根火柴，没挣到一个钱，爸爸一定会打她的。(孤独)

(3) 指导朗读，想象画面，感受小女孩命运的悲惨。

提示：引导学生抓住"冷、雪、黑、赤着脚""冲、吓""又冷又饿、哆哆嗦嗦"等词语，想象画面，体会小女孩当时的寒冷、恐惧、饥饿、孤独，读出她的可怜。

（三）品读渴望，体会合理想象

1. 学习"擦燃火柴"部分，感受小女孩的内心渴望。大年夜，小女孩却在街上叫卖火柴，忍受着寒冷、恐惧、饥饿、孤独，她坐在一座房子的墙角，一次次擦燃了火柴。

2. 学生合作阅读第5—9自然段"擦燃火柴"部分，思考：小女孩擦燃了几次火柴？每次擦燃后看到了什么，表达了她怎样的愿望？完成表格（第二列先不出示）：

擦燃火柴	现实生活	看到的幻象	内心渴望
第一次	寒冷	暖和的火炉	温暖
第二次	饥饿	喷香的烤鹅	食物
第三次	恐惧	美丽的圣诞树	快乐
第四、五次	孤独	慈爱的奶奶	疼爱

3. 话题讨论，引出现实。

火柴是小女孩一家的生活来源，可小女孩为什么还接连不断地擦燃火柴，又为什么会幻想到这些美丽的东西呢？

4. 对比现实与幻想，初步感受作者基于现实展开合理想象的表达方法。作者写擦燃火柴时的想象，正是源于现实生活中的寒冷、饥饿、恐惧与孤独，小女孩内心渴望温暖、食物、快乐与疼爱，才让她一次次擦燃火柴，并看到了内心渴求的幻象。想象不是凭空产生的，而是基于现实的合理加工。

5. 结合创作背景，进一步了解作者基于现实展开合理想象的表达方法。阅读资源链接中的"创作背景"，了解《卖火柴的小女孩》故事创作的灵感来源，进一步了解作者基于现实展开合理想象的表达方法。

6. 分角色读一读、演一演五次擦燃火柴时的幻象和现实，感受童话丰富而合理的想象。

（四）迁移运用，改编童话结局

1. 学习第10—11自然段小女孩"冻死街头"部分，了解故事的结局。

2. 交流：为什么要用"两腮通红，嘴上带着微笑"写小女孩死去时的神态？

3. 辨析"幸福"，升华情感：最后一句话中的两个"幸福"一样吗？分别指什么？

> 谁也不知道她曾经看到过多么美丽的东西，她曾经多么幸福，跟着她奶奶一起走向新年的幸福中去。

4. 改编童话结局：你喜欢这个悲惨的故事结局吗？请你基于现实，发挥合理想象，给小女孩改编一个自己喜欢的结局。

（五）观察比较，规范书写生字

1. 出示要求会写的字，分类指导学生规范书写。

2. 布置作业：①把这个故事讲给家人听，和他们交流你的感受；②尝试给童话改编一个自己喜欢的结局。

五、 板书设计

卖火柴的小女孩

基于现实　　　　　　卖火柴

合理想象　　　　　　擦燃火柴

　　　　　　　　　　冻死街头

　　　　　幻想——→愿望——→现实

第三讲　知人论世

——以《题西林壁》为例

今天，我们要解读的文本是统编小学语文教科书四年级上册第9课——《古诗三首》中的第二首《题西林壁》，这首诗可谓家喻户晓、耳熟能详。

题西林壁

【宋】苏轼

横看成岭侧成峰，

远近高低各不同。

不识庐山真面目，

只缘身在此山中。

这是一首和庐山有关的诗，我们试着运用"还原矛盾"的策略来解读，看能否解读出一般读者发现不了的矛盾。庐山是中国著名的风景区，用"还原矛盾"来看，会有哪些诗中没有写却可以写、可能写的内容呢？

苏轼有没有可能写一写庐山的水呢？庐山之所以出名，很重要的一个原因是庐山的水很出名，其中最出名的毫无疑问就是庐山的瀑布。当年李白游庐山就写了一首千古佳作《望庐山瀑布》。诗的第一句"日照香炉生紫烟"写的是瀑布的背景，"生紫烟"这个意象渲染了一种神秘、高贵的氛围。第二句"遥看瀑布挂前川"是化动为静，瀑布是动态的，而一个"挂"字化动为静，简直是神来之笔，谁有如此伟力能把这么大的瀑布挂在前川？第三句"飞流直下三千尺"是动态描写，"直下"二字一落笔，那种气势磅礴、势不可当的境界就出来了。最后一句"疑是银河落九天"绝对是天才的联想，也只有李白这样的"谪仙人"才能做出这般奇谲诡变的想象，但是细细品味这样的联想，你又会觉得合情合理。这是写庐山的水。苏轼到庐山也有可能写水，但是他没有写。

庐山其实不是一座山，而是由不同的山峰组合而成的山脉，它有很多著名的山峰。苏轼到庐山，是否有可能写一写庐山的峰？当年，李白游庐山就写过那里的五老峰，写得非常有意思。《登庐山五老峰》的第一句"庐山东南五老峰"点出了五老峰的方位。第二句写了爬山前抬头仰望，只见"青天削出金芙蓉"，芙蓉就是荷花，夕阳西下，阳光照在山峰上就像一朵金色的莲花。第三句"九江秀色可揽结"，那是写登上了五老峰，会当凌绝顶，秀色可揽结，九江美景一览无余。到了五老峰峰顶，李白便感慨，如此仙境，胜却人间无数，何不把家安在五老峰的云松之间——"吾将此地巢云松"。苏轼游庐山应该也看过不同的山，爬过不同的峰，但这首《题西林壁》没有写峰。

我们继续还原。去过庐山的人都知道庐山的云雾是一个著名的景观。当然不是每次去都能看到，要看天气，还要看机缘。苏轼去了有没有可能看到庐山的云，写一写庐山的云呢？唐朝诗人孙鲂就写过庐山的云——《湖上望庐山》。第一句"辍棹南湖首重回"，坐上船本来要回去，现在又停下来了，回过头来张望，他还想看什么？不是已经游过庐山了吗？下一句"笑青吟翠向崔嵬"就点明了，是青翠的山色，崔嵬的山形吸引了"我"。当然更吸引他的是——"天应不许人全见，长把云藏一半来"。云雾缭绕，若隐若现，山在虚无缥缈之间，简直就是人间仙境。因此，苏轼当然也有可能写云，但是他没有写。

李白的《望庐山瀑布》《登庐山五老峰》，孙鲂的《湖上望庐山》，这三首诗都是写庐山的景。那苏轼的《题西林壁》是否在写景呢？有人不太确定，觉得好像在写景。你看，"横看成岭侧成峰，远近高低各不同"，不是在写山景吗？如果我们确定这两句是在写景，那么，问题来了。什么问题呢？我们知道，写景状物有一个基本原则，必须抓住特征，写出特色。如果前两句真的在写景，那就得抓住庐山的特征，写出庐山的特色。"横看成岭侧成峰，远近高低各不同"这两句到底是不是庐山的特征、庐山的特色呢？

假如游的是五岳之首泰山，"横看成岭侧成峰，远近高低各不同"是否适用？当然可以。假如去爬黄山，"五岳归来不看山，黄山归来不看岳"，爬上黄山，举目眺望，"横看成岭侧成峰，远近高低各不同"是否可以？完全可以。在中国文化语境中，昆仑山常常被认为是最高的山，假如我们去爬昆仑山，爬到昆仑山的峰顶，是什么感觉？不就是"横看成岭侧成峰，远近高低各不同"吗？如果昆仑山还不够高，爬上世界屋脊——喜马拉雅山去看看，是不是一样的"横看成岭侧成峰"，一样的"远近高低各不同"呢？你认为《题西林壁》是写庐山的景色，但是既没有写出庐山的特征，也没有写出庐山的特色，那这个诗还有品质吗？这个诗还是一流的诗吗？

　　通过还原矛盾，我们就要思考《题西林壁》究竟在写什么。苏轼游庐山，没有写庐山的水，没有写庐山的山，没有写庐山的云。如果认定前两句是写庐山的景，那么也很普通、很一般。为什么这首诗还能够一直流传下来？为什么这首诗至今还有如此大的魅力？要解决这个问题，我们就要来讲今天的文本解读策略——"知人论世"。

　　"知人论世"是中国古典文论的一个基本原理，这个原理最早是由孟子提出来的。孟子在《孟子·万章下》中的原话是："颂其诗，读其书，不知其人可乎？是以论其世也。"意思是说，你吟诵他写的诗歌，阅读他写的书籍，但是你不了解他是个怎样的人，行吗？当然不行。所以，吟他的诗，读他的书，就要了解他所处的社会环境、时代背景，就要了解他的人生阅历、人格特质。在对这个人有了充分、全面的了解之后，再去诵其诗，读其书，才有可能真正理解其诗、其书的精髓和奥妙，甚至成为他的知音。

　　从这个角度切入，我们再来读苏轼的《题西林壁》。要"论其世"，我们先来看看这首诗写于什么时候。据考证，《题西林壁》写于宋神宗元丰七年（公元1084年），那年苏轼47岁，由黄州贬所改迁汝州团练副使。改迁途中，经过江西九江，苏轼顺道游了庐山。游庐山期间，苏轼写了十多首诗，《题西林壁》是其中的最后一首诗，也是最出名的一首诗。"知人论世"这么简单吗？当然不可能这么简单。一首诗的诞生是需要具备各种因缘的，"因"就是内在的条件，"缘"就是外在的条件。只有当外在之缘和内在之因全部具备、一个不少，用佛家的语言来讲，因缘具足时，这首诗才会诞生。只要缺少其中任何一个条件，不管是内在的还是外在的，就不可能有这首诗。

知其外缘

那么，苏轼写这首诗究竟具备了哪些外缘呢？

第一个外缘，就是"身在庐山"。身在庐山才会游庐山，才会游西林寺，才会题西林壁。"横看成岭侧成峰，远近高低各不同"确实也是苏轼在庐山看到的风景。假如苏轼写这首诗的时候不是在庐山，而是在杭州西湖，那他能写出这样的诗吗？毫无疑问，他写不出这样的诗，他只能写出《饮湖上初晴后雨》："水光潋滟晴方好，山色空蒙雨亦奇。欲把西湖比西子，淡妆浓抹总相宜。"因为环境不同、外缘不同，由环境、外缘触发的创作意象与情感自然也就不同。要写出《题西林壁》，第一个缘，就是身在庐山。

第二个外缘，就是"乌台诗案"。《题西林壁》写于元丰七年，而元丰二年，苏轼在他的人生道路上经历了一次大的转折，那就是著名的"乌台诗案"。王安石推行新法，新法在推行过程中暴露了各种问题。当时，苏轼在浙江湖州做知府，写过一些诗词，写过一些文章。御史台（相当于我们现在的检察院）中，有人就搜集了苏轼的这些诗文，说他污蔑朝廷，讥讽新政。于是，当时的神宗皇帝就下令把苏轼抓起来进行审问。关押和审问的地方就在御史台，苏轼在御史台被关了一百多天，差点丢了性命。因为御史台里面种了很多柏树，柏树上经常有成群的乌鸦栖息着，所以御史台就被叫作"乌台"，这个案子就被叫作"乌台诗案"。我们来看一看"乌台诗案"的具体情形。

（央视纪录片《苏东坡》第一集"雪泥鸿爪"片段）

叶嘉莹（南开大学文学院中华古典文化研究所所长）：到湖州的时候，苏东坡就闯了一个祸，因为古代，朝廷让你到哪里去，你都要谢恩，他就写了一个谢表。

涂普生（湖北省黄冈市东坡文化研究会会长）：苏轼心里大概就憋了一些气，他在这个上表当中就说：皇上，你怕我在朝廷里施展不开我自己的才干，把我现在放在基层，或许还可以为老百姓做点事。

旁白：御史台的官员弹劾苏东坡在《湖州谢上表》中大放厥词，愚弄朝廷。接着他们找出苏东坡的诗集指责苏东坡讥讽朝政。

康震（北京师范大学文学院教授）：的确，苏轼写诗和文章讽刺新法，他本来就对新法有意见。比如说，他有首诗说新法推行了以后，农民光是走你这些程序，一年倒有半年都住在城里头，天天就盖章了，别的倒没得到什么实惠，他们家的孩子连城里的口音都学会了。这很明显是在讥讽新法。那么还有一种就是属于诬陷。像苏轼写过两句诗："根到九泉无曲处，世间惟有蛰龙知。"他的意思是说这桧树的根在地底下盘着，它弯曲，这只有谁能知道呢？只有地下的蛰龙知道。结果当时的一个官员王珪，说，陛下才是龙，苏轼呢，不求真龙，跑到地底下求蛰龙，这就是诬陷皇上，那这罪名就大了，这就是欺君之罪啊。

……

旁白：御史台发出了逮捕苏东坡的命令，最先得知这个坏消息的是苏东坡的好友，当朝驸马王诜。王诜立刻派人向苏东坡通风报信。

李山：苏轼在生活中是一个在感性层面上很强烈的人。面对生死，眼都不眨，这不是苏轼。他害怕，以至于后来这个办案人员来找他，他和他的副手通判就说，我还能穿着什么服装去见这些人，我都已经成罪人了，我是不是得穿着罪犯的服装。通判比较冷静，说现在没有定你的罪，你还是朝廷的命官，你就穿着这个朝服出去就行了。

旁白：前来抓捕苏东坡的差官气势汹汹，径直闯入州衙，苏东坡战战兢兢迎了出来。

……

刘小川（三苏文化研究院副院长）：他自己形容，它是一百尺高的像深井一样的一个监狱，仰面看的时候只看到很小的一片天。而且他用了一个词叫"辱诟通宵",就是骂他，羞辱他，通宵不让他睡觉。

……

旁白：苏东坡想到自己命不久矣，于是他给自己最牵挂的弟弟苏辙写了两首诗。

赵冬梅：这首诗里面有一句非常有名，就是"与君世世为兄弟，更结来生未了因"，不独是才华独一无二，他们的兄弟感情也是千古之下只此一对。

旁白：苏东坡一生，宦海几度沉浮，兄弟间的深厚情谊是他最大的慰藉。苏东坡第一次为官，到凤翔赴任，在途中他给苏辙写了一首诗："人生到处知何似，应似飞鸿踏雪泥。泥上偶然留指爪，鸿飞那复计东西。老僧已死成新塔，坏壁无由见旧题。往日崎岖还记否，路长人困蹇驴嘶。"

田晓菲（美国哈佛大学教授）：我每次在哈佛开一个中国古典文学介绍课，讲到宋代文学，讲到苏轼，一定会讲到这首诗。飞鸿这么优雅的鸟，它不是在天上飞，而是在雪地里践踏。我们每个人都会在人生当中被很多沉重的东西，累赘的东西，拴在地面上，这几乎是一种很悲哀的情景。泥上偶然留指爪，我们每个人在世上留下一点点印记，雪是会化掉的，泥也会干掉，之后就没有任何印记留下来了。

旁白："雪泥鸿爪"这四个字，宿命般地成为苏东坡一生的写照。

田晓菲：所以苏东坡和他弟弟两个人，不仅仅是在雪泥上崎岖地跋涉，没有骑马而是骑驴，而且那个驴还是个蹇驴，从一个优雅的飞鸿变成一个蹇驴，又有一些幽默在里面。苏轼能够活下来，他很多人生的困苦能够经历，靠的是他对自身状态的一种幽默感，一点点微笑。他跟弟弟之间的这种相对一笑，这个时刻，是永恒的。

旁白：此时，"雪泥鸿爪"都已从苏东坡的视线里消失，他对世界充满善意，他无法理解自己何以遭受这样的噩运。

赵冬梅：苏辙说，东坡何罪，独以名太高。就是"乌台诗案"为什么要抓他，说得很对。

旁白：有人想要置苏东坡于死地，然而在这生死之际，挺身为苏东坡说情的人更多。

康震：王安石也托人带话给神宗，说这个圣明时代不能杀有才华的人。曹太后生病期间，神宗去探望的时候，曹太后就和他说，先帝在的时候，认为这两个兄弟都是宰相之才，我劝你现在赶紧把他放了，你把他放了，我才能好起来。大家的这种援救也等于给神宗一个台阶下。这样整个"乌台诗案"就算告一段落了。

旁白：朝廷的判决终于降临，苏东坡贬官黄州，任团练副使。身为有罪的官员，苏东坡不准擅自离开黄州，不得签署公文。"乌台诗案"终于尘埃落定，苏东坡走出御史台的监狱是在公元1079年旧历除夕之前，他已在这里被关押了130天。公元1080年正月初一，苏东坡在漫天风雪中踏上了通往黄州的路途，那时的他，遍体鳞伤，"乌台诗案"让他领教了朝廷的黑暗，所幸，他没有被推上断头台。前路迷茫，苏东坡不知道等待自己的将是怎样的命运，他不会想到天高地远的黄州将成为他人生的转折之地。

这就是著名的"乌台诗案"。苏轼虽保全了性命，但被贬官黄州，朝廷命其不得签署公文，也就是说没有实际的权力；不得擅自离开黄州，也就是说没有行动的自由。此时的苏轼感到自己前路迷茫，他本对世界充满善意，很难理解自己为何遭受如此厄运。事实上，我们在读《题西林壁》时，能感受到他的迷茫，他对世界、包括对自己的人生难以理解的迷茫。"不识庐山真面目，只缘身在此山中。"

第三个外缘，就是"熙宁变法"。从宋神宗熙宁二年开始一直到元丰八年，发生了中国历史上著名的王安石变法，也叫"熙宁变法"。王安石变法的初衷是要改善生产，提高国力。但在推行过程中出现了很多问题。朝廷由于推行新法心切，所以看不到，也不愿意看到推行新法暴露出来的问题，正所谓"当局者迷，旁观者清"。苏轼此时虽然已经从黄州改迁汝州，但他绝不是个见风使舵的官僚，而是个有良知、有担当的士大夫。当他看到新法出现的种种弊端和问题时，他仍想要表达自己的意见和建议。所不同的是，遭遇过牢狱之灾的苏轼，此时变得相对谨慎、相对委婉。借这首诗，苏轼想要善意地提醒当政者，"不识庐山真面目，只缘身在此山中"，你们是当局者，身处变法，其中的很多问题你们不一定看得到、听得见。但正因如此，你们才更需要跳出来，广开言路，从谏如流，所谓"兼听则明，偏信则暗"。

第四个外缘，就是"游西林寺"。苏轼这首诗是在西林禅寺写的。西林禅寺在庐山西麓，是东晋时由开山祖师慧永法师创建，距今已有一千七百多年的历史，被称作"庐山北山第一寺"，可谓"名山古刹"。从诗的题目上看，《题西林壁》显然是写在西林禅寺的寺壁上的。大家不妨想一想，苏轼去西林寺，由方丈陪同，他们希望大学士能给寺庙留下一点墨宝。那苏轼要写的话，是否要考虑他当时所处的环境呢？身在禅寺，缘结僧侣，如果写的东西跟佛教、佛法一点都不沾边，岂不有负如此殊胜的因缘？那么，苏轼懂佛教、懂佛法吗？了解苏轼生平的人应该知道，苏轼懂禅；不仅懂，而且有着非常深厚的造诣。苏轼一生，会通儒释道三家，又超越儒释道三家，而形成他自己独特、超拔的人生哲学。对禅，对佛法，他都有很深的研究和切实的体认，绝对不是外行。苏轼曾写过一首诗叫《观潮》："庐山烟雨浙江潮，未至千般恨不消。到得还来别无事，庐山烟雨浙江潮。"对这首诗，南怀瑾先生就曾这样说过：这是一种大彻大悟以后的境界。庐山风景太美了，钱塘潮非常壮观，这一辈子没有去过的话，死了都不甘心，非去不可。等到了庐山，又看到了钱塘潮，本地风光，圆明清静，悟道以后，就是这样。没有悟道以前，拼命地学佛呀！跑庙子呀！磕头呀！各种花样都来，要有功德，要怎么苦行都无所谓，要怎么刻薄自己都可以。"未至千般恨不消"啊！及至到来无一事，真的大彻大悟了，怎么样呢？"庐山烟雨浙江潮"，原来如此。

这让我们想起了禅宗青原惟信禅师所讲的关于修行的三种境界：第一种是"见山是山，见水是水"；第二种是"见山不是山，见水不是水"；第三种是"见山只是山，见水只是水"。"到得还来别无事，庐山烟雨浙江潮"，就是修行所讲的"见山只是山，见水只是水"的最高境界了。正所谓，"若无闲事挂心头，便是人生好时节"。由此可见，苏轼的佛法修养是多么精深。

那么，苏轼有没有可能把这样的禅悟境界也写进这首诗中呢？事实上，这首诗中是有蛛丝马迹的。比如"不识庐山真面目"，"真面目"最早的出典在慧能《坛经》里，六祖慧能大师在讲法的时候说："不思善，不思恶，正与么时，哪个是明上座本来面目？"什么是本来面目？本来面目就是佛性、就是真如、就是法身、就是实相、就是如来藏、就是明心见性的法性、就是悟道的道。苏轼的"不识庐山真面目"，显然是化用了禅宗的"本来面目"。

还有"只缘身在此山中"的"缘"，这里的"缘"是因为的意思。但是更深一层讲，这里的"缘"还有"缘起"的意思在里面。我们知道，佛法又被称为缘起法，所谓"缘起性空，性空缘起"。佛教认为，世间的一切都是"因缘具足"而存在，所有条件都具备了，世间万物才能生成，这就是缘起。但是，一旦某个条件不具备，消失了，世间万物也就不存在了，没有一物是永恒不变的，它们都没有固定不变的自性，这就是性空。这里的空，不是我们通常所理解的啥都没有，这是对佛法讲空的一个极大的误解。这里的空，指的就是万物自身都不是永恒不变的，都需要依靠其他条件的具足才能生成，正所谓"此有故彼有，此无故彼无，此生故彼生，此灭故彼灭"。显然，"缘"跟佛法有着非常紧密的关系。

而"只缘身在此山中"中的"身"，也大有深意在。佛法的核心思想就是要"破执"，只有破除各种执着，才能明心见性，才能自在解脱。而要破的各种执着中，最难破的是"我执"。凡夫俗子都认定有一个实体的我，不变的我，永恒的我，这叫"我执"。"我执"中最难破的是"身执"——我们认定血肉之躯是实有的，身体以皮肤为界限，皮肤之内都是我，皮肤之外不是我。"身执"带来种种烦恼、痛苦和恐惧。"身执"破了，"我执"就容易破；"我执"破了，其他种种迷执就容易破。迷执一破，就是解脱。人一解脱，就得大自在。苏轼说"只缘身在此山中"，是不是也有破除"身执"的思想在里面呢？

这首《题西林壁》，事实上是苏轼的人生场、风景场、文化场三个场域交集之后的产物。那段特殊的经历、特殊的政治，就是苏轼的人生场；所处的庐山，看到的各种山形峰貌，就是苏轼的风景场；在西林禅寺，对佛法的了解和体认，就是苏轼的文化场。三个场域交织在一起，就是这首诗所能诞生的全部外缘。这些外缘，缺一不可。

知其内因

但是，光有外缘是不足以产生这首诗的。设想一下，即便这些外缘都给了王安石，他能写出这样一首诗吗？再换一位，即便这些外缘都给了苏轼的弟弟苏辙，他能写出这样一首诗吗？答案显然是否定的，为什么？因为他们不是苏轼。苏轼的性格、品格、人格，乃是诞生这首诗的内因。离开了这个内因，所有的外缘都必将失去创生的能量和方向。

苏轼人格的最大特质，用他的红颜知己王朝云的话来说，就是"一肚皮不合时宜"。他不会溜须拍马、见风使舵、人云亦云、尔虞我诈。用苏轼自己的诗来形容，就是《游庐山次韵章传道》中的那一句："尘容已似服辕驹，野性犹同纵壑鱼。"什么意思？你们看我的样子，已经像一匹马驹被套了辕木，被束缚起来了。其实，我的内心、我的真心并没有受到任何拘束，就像纵身水壑的鱼儿一样，自由自在，无拘无束。这就是苏轼所谓的"野性"，苏轼一生的人格特质，其实就可以用"野性"一词来概括。他身上的"野性"有着怎样的内涵呢？越南有个叫阮延俊的学者，这样描述苏轼的野性：这种生活态度，不是儒家悲天悯人的入世情怀，而是近于"曾点之志"；也不是道家"知其不可奈何而安之若命"的处世态度，而是近于旷达自适的认真态度；更不是遁入空门杜绝世俗的修炼态度，而是近于入世悟禅机的平常心。

概括来说，苏轼的野性是一种超脱、超越、超拔的人生态度。超脱世俗的束缚，超越生命的境界，最后实现心灵的自由、人格的超拔。只有这样的野性，才会让苏轼写出自己对人生、对世界最独特、真诚的感悟和理解。至此，我们才可以说，《题西林壁》不是在写景，而是在写理，写苏轼对人生哲理、人间真理的感悟；也是在写心，写苏轼直面人生困顿的诚心、超越俗世迷执的真心。

这种写法，叫作"以境显理"。所谓的"境"，就是"横看成岭侧成峰，远近高低各不同"。所谓的"理"，就是"不识庐山真面目，只缘身在此山中"。理不是直接说，不是抽象地说，而是通过一个具象的、间接的境来说。这是苏轼这首诗的最大特色。

这首诗的理，也就是这首诗的内涵、哲理和人生感悟，只有通过联系苏轼所处的时代背景、社会环境，联系苏轼自己的性格特征、人格特质，才能得到准确妥帖的理解。也难怪，章学诚这样说过："不知古人之世，不可妄论古人之文辞也；知其世，不知古人之身处，亦不可遽论其文也。"孙绍振先生也表达过类似的观点，他说："作品毕竟是作者的作品，作者的精神风格和艺术追求，不可能不在作品中留下足以让读者解密的蛛丝马迹。"

附：

在诗中追逐灵魂

——《题西林壁》（一课时）教学设计

黑龙江省逊克县教体局 雪梅

一、 教材内容

统编小学语文教科书四年级上册第9课。

二、 教学理念

《题西林壁》，一首"艳压庐山客"的哲理诗，它的长处不在于形象描写或感情抒发，而在于富有理趣。"不识庐山真面目，只缘身在此山中"，这千古一叹，令多少文人墨客为之倾倒。但是，在把《题西林壁》作为诗歌精品引入课堂的今天，教者不能"当局者迷"地解读和教学如此"意趣无穷"的哲理诗，必须"横看侧看，远近高低"，踏上一次"追逐灵魂"的精神之旅。

诗人在与庐山的深情对望中，陡然而觉自己原来半生都在迷津之中：当局者迷，旁观者清。眼前的真实并不是全部的真相，从此便有了一颗反省的心，审慎对待自己的所见。能通过品读诗歌，体悟到这一点，才算是触及诗人的灵魂。

教育是一棵树摇动另一棵树，一朵云推动另一朵云，一个灵魂唤醒另一个灵魂。师法《题西林壁》，我们还希望打开学生"观察与发现"的闸门，让习作的"活水"滚滚涌来。

三、 教学目标

1. 核心目标：借助注释、插图和资料，理解诗句的意思，体会诗人身处迷津却能反省自己的心境。

2. 条件目标：有感情地朗读并背诵古诗，默写《题西林壁》；学习作者的观察方法，唤醒学生连续观察的意识，教给学生记录发现的方法。

四、 教学过程

（一） 诵读诗歌明诗意

这一板块首先要通过对历史和作者生平的细读，来完成一种还原，可以配合庐山风景图片来进行。

1. 导语：瞧，"横看成岭侧成峰，远近高低各不同""飞流直下三千尺，疑是银河落九天"，庐山怎一个"美"字了得！为了写好庐山，苏轼两次来到庐山，第二次一住就是十多天，他观察着，思考着，酝酿着，一首《题西林壁》诞生了。这首诗成为诗中精品，一直流传了千百年。

然后析题，初读，谈读后感受。

2. 简要介绍诗人创作《题西林壁》时的处境和迷茫的心境。在理解诗意的基础上追随诗人"移步换形",走进不同的风景,在头脑中想象庐山的立体画面,感受庐山的美丽壮观和诗歌的奇趣。

3. 多种形式诵读全诗:通过范读、齐读、男女生轮读等方式引领学生感受《题西林壁》的节奏和韵律。带领学生边读边分析总结。读"岭、侧、峰、低、各、同、山、目"的时候要适当拖长声音。"远近高低"都是重音,要读得抑扬顿挫,要读出节奏感,可用音乐的表现方法来加以说明:"远"次强,"近""高"强,"低"次强;或"远"次强,"近"次弱,"高"次强,"低"次弱。"真""只"要读重音。

4. 请学生参看注释,展开联想,用自己的语言描述诗歌中勾勒的魅力庐山,互相补充,丰富画面。让学生以自己喜欢的方式再读诗歌。

5. 教师引读。

庐山啊,谜一样的庐山啊,你——横看成岭侧成峰,远近高低各不同。

为什么?为什么我看不清你——不识庐山真面目,只缘身在此山中。

(二)品读诗歌入诗境

这一板块力求聚焦这首诗中的名句"不识庐山真面目,只缘身在此山中",使学生进入诗境,能与作者感同身受,并生成个性化的理解。

1. 教师引语:流连山中,有一句歌词最适合改一下来描述苏轼的心境，那就是：借我借我一双慧眼吧，让我把庐山看得清清楚楚、明明白白、真真切切。同学们认为怎样才能看清庐山的真面目？

学生自由讨论交流。（预设：到庐山之外、高空俯瞰全貌等。）

2. 结合写作背景理解：苏轼为什么写这首诗呢？这两句又包含了苏轼怎样的心境？

补充资料：《题西林壁》为苏轼 47 岁时所作。苏轼因对王安石变法持不同的意见，所以被宋神宗贬谪到了黄州。从朝廷被贬到黄州，苏轼的心境发生了很大的变化，对自己的身份和人生产生了不确定感。诗人除了在探究庐山的真面目，还在寻找着自己人生的方向和真面目。

3. 你从这句千古名句中又读懂了什么？体悟到了什么？请学生根据对文本的理解及对作者的了解谈感受，教师引导总结。（预设：要想对某个事物有全面的、符合实际的认识，就必须站在客观的立场上；当局者迷，旁观者清；为人处世要有一颗反省的心等。）

4. 联系生活实际谈一谈相关事例和感受。

（三）研读方法学观察

这一板块旨在"授之以渔"，带领学生初识语文观察法，为学以致用做好充分准备。

1. 课件出示语文观察法：对比观察、连续观察、重复观察。请学生将这三种方法"对号入座"，用圈点批注的方法送入诗中，并说出理由。

讨论：为什么苏轼能创作出这样一首千古流传、人见人爱的诗歌？

在习作中，我们该向苏轼学什么？请学生畅谈自己的心得体会。（预设：要变换地点和角度观察；要长时间去连续观察；要对描写对象进行反复认真的观察；要"读你千遍也不厌倦"；要往前一步，追求与众不同的发现等。）

2. 拓展：课件展示《笔记大自然》中的部分内容，为学生介绍一种全新的自然日记方式，培养学生将观察进行到底的好习惯。

师生相约共同阅读《笔记大自然》，尝试撰写自然日记。

五、 板书设计

题西林壁

不识——迷

只缘——悟

第四讲　观照语境

——以《花钟》为例

这次我们要解读的是统编小学语文教科书三年级下册的第 13 课《花钟》。

上一讲，我们讲到了"把握结构"这一解读策略。如果我们从把握结构的角度，该如何解读这个文本呢？

我们知道，这个文本一共只有三段文字。第一段，写的是对不同的花开放时间是不同的这一现象的观察，具体写到了九种鲜花的开放时间。如果把这段内容概括成一个词，我觉得就是"观察"。第二段，是写不同的植物开花时间不同的各种原因，包括温度、湿度、光照、昆虫授粉等。这已经不是对现象的简单观察了，而是对现象背后的原理、规律进行研究分析。我们用"思考"这个词来概括。第三段，写的是一位植物学家根据不同的花开放时间不同这一规律发明了花钟。这就不仅仅是在研究思考，而是在研究思考的基础上做出的发明创造。可以用"发明"这个词来概括。

这样一概括，我们对整个文本的结构就清楚了。《花钟》三个自然段，第一段讲观察，第二段讲思考，第三段讲发明，这就是它的结构。那么，这样一种结构有没有用意，有没有深意呢？或者说，作者为什么要设计这样一个结构呢？其实，这个结构隐含着科学研究的一般过程：首先是观察，通过观察，捕捉到一些有趣的、奇怪的自然现象；然后是思考，运用各种方法去研究分析现象背后的本质、原理、规律等；最后是发明，依据思考得到的规律、原理，创生出各种新产品、新东西。

你可能没有想到，文章的结构居然跟科学研究的一般过程高度吻合。那么，是不是所有这类文章非得按照科学研究的一般过程来写呢？其实也不一定，"观察""思考""发明"这三个要素，从写作构思的角度来看，至少可以形成六种组合。比如，观察—发明—思考；比如，思考—观察—发明；比如，思考—发明—观察；比如，发明—观察—思考；比如，发明—思考—观察；还比如，文章本身的组合，观察—思考—发明。一共有六种组合。

以上六种组合，其实都可以成为文章的思路，都可以写成文字。你别不信，我就专门做过一个实验，把文章的思路调整为这样一个组合：思考—发明—观察。我们不妨来看看按照新组合写成的《花钟》：

鲜花朵朵，争奇斗艳，芬芳迷人。据研究，植物开花的时间，与温度、湿度、光照有着密切的关系。比如，昙花的花瓣又大又娇嫩，白天阳光强，气温高，空气干燥，要是在白天开花，就有被灼伤的危险。深夜气温过低，开花也不适宜。长期以来，它适应了晚上九点左右的温度和湿度，到了那时，便悄悄绽开淡雅的花蕾，向人们展示美丽的笑脸。还有的花，需要昆虫传播花粉，才能结出种子，它们开花的时间往往跟昆虫活动的时间相吻合。

一位植物学家曾有意把不同时间开放的花种在一起，把花圃修建得像钟面一样，组成花的"时钟"。这些花在二十四小时内依次开放。凌晨四点，牵牛花吹起了紫色的小喇叭；五点左右，艳丽的蔷薇绽开了笑脸；七点，睡莲从梦中醒来；中午十二点左右，午时花开花了；下午三点，万寿菊欣然怒放；傍晚六点，烟草花在暮色中苏醒；月光花在七点左右舒展开自己的花瓣；夜来香在晚上八点开花；昙花却在九点左右含笑一现……

要是我们留心观察，就会发现，一天之内，不同的花开放的时间是不同的。你只要看看什么花刚刚开放，就知道大致是几点钟，这是不是很有趣？

第一段，写的是"思考"；第二段，写的是"发明"，所不同的是，发明这部分写得非常具体，把原先放在"观察"部分的九种花移植到了这里；第三段，写的是"观察"，当然就略显简单些。但是，整篇文章读下来，有没有不通顺呢？没有。有没有不连贯呢？没有。实验证明，写《花钟》完全可以采用不同的思路、不同的组合。那么，两种组合、两种思路，哪种结构更好呢？毫无疑问，原文更好。理由很简单，作为一篇科学小品文，文本结构按照科学研究的一般过程来组织，更能体现出这类文体的特征。比如，构思更严谨，行文的逻辑性更强，科学研究的意识和方法更容易渗透等。

当然，我们这一讲要讲的是"观照语境"。什么是语境？王先霈先生说："我们聆听说话或者阅读文字，注意的是'语言流'，是'语言流'所表达的'思想流'，我们实际总是力求整体地去把握它，也只有整体地把握才能有效地把握。"

请对"语言流""思想流"这两个术语生起敏感和警觉。是"语言流"而非"语言"，是"思想流"而非"思想"。我的看法是，"语言流"要刻意强调的是语言和语言之间的关联性、接续性，任何处于语言流之中的语言，不再是孤立的、隔离的，而是前后映照、相互阐释的。一旦像浪花一样跃出语言之河，那么，这朵语言的浪花就失去了具体而真实的意义。"思想"与"思想流"的关系，也同样如此。由语言、思想形成的"流"，就是语境。不是说语言之外还有一个语境，而是语境就在语言之中，就是语言形成的流。语言一个一个汇聚成源远流长、川流不息、浩浩汤汤、横无际涯的语言流，在牺牲其原初的、凝固的意义的同时，也新生出当下的、活泼的内涵和意蕴，这就是语境的价值所在。

而对于语境的把握，王先霈先生特别强调一个词，就是"整体"。"力求整体把握"，这是解读策略；"只有整体把握才能有效把握"，这是解读品质。由此可见，"语境"跟"整体"息息相关、密不可分。语境一定指向整体，指向整体中的语言关系；整体是语境的本质特征，拆解整体意味着语境的消亡。

当然，语境是有层次的，是分类型的。语文界有一句行话，叫作

"字不离词，词不离句，句不离段，段不离篇"。当我们说"字不离词"的时候，词就是字的语境；当我们说"词不离句"的时候，句就是词的语境；当我们说"句不离段"的时候，段就是句的语境；当我们说"段不离篇"的时候，篇就是段的语境。很显然，语境有着不同层次。

语境不仅分层次，也分不同类型。我们所讲的语境，主要是指一篇文章的语境，可以称之为"语篇语境"。荣维东教授说："语篇语境，指的是构成言语作品的词语、句子、段落的上下文、前言后语，以及声音交流时的语气、语音、词语、句子与言语交谈的前后联系。"简单地说，语篇语境，就是一篇文章的全部语言文字所形成的关系的总和。

所谓观照语境，就是对语篇语境的把握。我们只有整体地把握语篇语境，才能对语篇语境中的字词句段篇、听说读写书、语修逻文章做出有效把握。这也是文本解读的重要策略。

在语篇语境中把握节奏

那么，如何运用观照语境的策略来解读《花钟》这个文本呢？我们找一个有趣的突破口，这个突破口在编者所设计的课后思考和练习中。来看看课后练习第三题，编者是这样设计的：

课文用不同的说法来表达鲜花的开放，填一填，体会一下。

牵牛花吹起了紫色的小喇叭。

蔷薇＿＿＿＿＿＿＿＿＿＿　　　睡莲＿＿＿＿＿＿＿＿＿＿

万寿菊＿＿＿＿＿＿＿＿＿　　　烟草花＿＿＿＿＿＿＿＿

月光花＿＿＿＿＿＿＿＿＿　　　昙花＿＿＿＿＿＿＿＿＿

很显然，这个练习指向的是语言表达。要学生关注和体会的是鲜花开放的不同表达方式。先举了牵牛花这个例子，然后指定六种花引导学生摘抄原文句子，体会表达方式的不同。

有人问，这个练习设计有什么问题吗？

就练习本身而言，当然没有任何问题。但是，如果从"观照语境"的角度切入，问题就来了。细心的老师可能已经发现，练习设计中涉及的一共有七种花，例子一种花，填空六种花。但是，回到课文原文，作者写的不是七种花，而是九种花。还有两种花呢？通过比对，我们发现被打入冷宫的两种花，第一种是"午时花"，第二种是"夜来香"。

为什么这两种花在练习设计中不见了呢？是编者疏忽了吗？肯定不是。其实，明眼人一看，马上就能看出编者为什么不待见这两种花。原因很简单，作者写得太直、太白、太土、太俗了。

把握写作短语的变化

你看，"午时花开花了"，这谁不会写？你看，"夜来香在晚上八点开花"，这还用学吗？直截了当、开门见山、直来直去、简单幼稚。

这样的话，别说三年级的孩子，三岁的孩子都会说。很显然，编者更关心、更在意或者说更欣赏的是类似课后练习中那七种花的表达方式。你看，"牵牛花吹起了紫色的小喇叭"，写得多形象啊！你看，"艳丽的蔷薇绽开了笑脸"，写得多生动啊！你看，"睡莲从梦中醒来"，写得多有文采啊！

为什么这样写就形象、就生动、就有文采呢？仔细分析，我们就会发现，编者选中的这七种花都采用了拟人的修辞手法。"牵牛花吹起了紫色的小喇叭"，这是模拟人的动作；"艳丽的蔷薇绽开了笑脸"，这是模拟人的表情；"睡莲从梦中醒来"，这是模拟人的神态；"万寿菊欣然怒放"，这是模拟人的神情；"烟草花在暮色中苏醒"，这是模拟人的情态；"月光花在七点左右舒展开自己的花瓣"，这是模拟人的心情；"昙花却在九点左右含笑一现"，这是模拟人的容色。通常，我们的写作经验，特别是我们传递给学生的写作经验是：第一，采用各种修辞手法写出来的文字，才会形象、生动、有文采；第二，形象、生动、有文采的文字才是好文字。

那么，"午时花"和"夜来香"为什么不这样写呢？是作者不知道这样的写作经验吗？如果不知道，那七种花他为何要写得如此形象、如此生动、如此有文采呢？是作者不会那样写吗？如果不会写，那七种花他为何会用拟人手法来写呢？作者肯定知道，肯定会写。其实，他完全可以把午时花写成这样：

中午十二点左右，午时花在阳光下翩翩起舞。

午时花开花时，形似蝴蝶翅膀展开。这样的拟人手法，不就显得很形象、很生动、很有文采了吗？

同理，他完全可以把夜来香写成这样：

夜来香在晚上八点如期赴约，带来迷人的芳香。

我们知道，夜来香象征着浪漫与纯洁。"如期赴约"是模拟人的行动与态度，会很自然地让人联想到欧阳修的名句"月上柳梢头，人约黄昏后"。这样的拟人手法，不也显得很形象、很生动、很有文采吗？

一句话，作者明明知道，明明会写，但就是不写。这样刻意回避的背后，究竟有着怎样的用意和深意呢？

我们要思考，在作者心目当中，显然还有比我们通常所关注的写得形象、写得生动、写出文采更高的追求。

我们不妨做一个还原比较。假如九种花全部采用拟人的手法，每一句都写得很形象、很生动、很有文采。但是，把九种花串联起来，把九句话组织成一个整体来看，读一读这样的文字，你又会有什么感觉呢？

文章缺少变化。形象、生动、有文采的背后，是某种僵化，某种刻板，某种机械。质言之，文章太过匠气。

而照原文这样写，总体上依然写得形象、生动、有文采，但是，在具体行文过程中，有的华丽，有的质朴；有的文采斐然，有的简单明了。甜而不腻，华而不奢。一种自觉的、有节律的变化荡漾在行文过程中。

把握写作句式的变化

很显然，作者是在刻意地追求这种变化，否则他不可能写成这样。深入研读，我们还会发现，这种刻意追求变化的行文，不仅体现在上述九种花的写作短语上，也反映在描写这些花的句式选择上。

来看第一句："凌晨四点，牵牛花吹起了紫色的小喇叭。"我们做一个提炼，这种句式，先写时间，再写花名，最后写开花，可以称之为 A 句式。再来看这一句："月光花在七点左右舒展开自己的花瓣。"显然，这个句式跟 A 句式有区别，它是先写花名，后写时间，最后写开花，可以称之为 B 句式。

整段文字，写了九种花的开放时间，采用的句式却有两种。从第一种牵牛花到第六种烟草花，采用的都是 A 句式。从第七种月光花到第九种昙花，采用的都是 B 句式。其实，还有很多种类型可以写，比如全部都使用 A 句式，或者全部都使用 B 句式，或者使用 ABAB 这样一种交替轮回的句式。但是，作者为什么要选择这样一种组合方式呢？比较之后我们发现，全部用 A 句式，刻板；全部用 B 句式，机械；ABAB 句式虽有变化，但这样的变化显得很呆滞。而原文在句式上的组合，有变化，却不显呆滞；有变化，又吻合整段话从紧凑到舒缓、从兴奋到平静的语速节奏。

把握写作语气的变化

这种刻意追求变化的行文，除了体现在短语上，除了体现在句式上，还体现在整段话的语气上。对语气变化的把控，又落在一个关键字眼儿上。这个字眼儿，就是写昙花那一句的"却"字。如果把"却"字去掉，"月光花在七点左右舒展开自己的花瓣，夜来香在晚上八点开花，昙花在九点左右含笑一现……"会有什么感觉呢？读者还有期待。昙花在九点左右开放，那么十点左右什么花开呢？十一点左右什么花开呢？十二点左右什么花开呢？只要这个"却"字不出现，这个期待就会不断持续下去。

"却"在这里不表转折，前后根本就没有转折关系。这个"却"，就像是开车使用的刹车，就像是五线谱中的休止符，就像是MP3的暂停键。你读一读，"昙花却在九点左右含笑一现……"咔嚓！文气到这里就停止了。余下的，全是留白。这叫言有尽而意无穷，这叫余音绕梁三日不绝，这叫当行则行、当止则止、行所当行、止所当止。

作者为什么要这样刻意地追求短语的变化、句式的变化、语气的变化？这就是对语言节奏、行文节奏的把握。

"文似看山不喜平。"我们在月光下看山脉的剪影，高低起伏、错落有致、蜿蜒绵亘、迤逦不断，就像一条呼风唤雨、腾云驾雾的神龙。这样的山形，就是一种节奏。这样的节奏，就是一种生命力的体现。一句话，无节奏，则死；有节奏，则活。

其实，写得形象、写得生动不是美的最高层次。最高层次是什么？节奏。朱光潜先生在《诗论》一书中，专门就"诗与乐"的问题谈到了"节奏"。他说：

> 节奏是宇宙中自然现象的一个基本原则。自然现象不能彼此全同，亦不能全异。全同全异不能有节奏，节奏生于同异相随相续，相错综，相呼应。寒暑昼夜的来往，新陈的代谢，雌雄的匹偶，风波的起伏，山川的交错，数量的乘除消长，以至于玄理方面反正的对称，历史方面兴亡隆替的循环，都有一个节奏的道理在里面。艺术返照自然，节奏是一切艺术的灵魂。

是的，节奏是一切艺术的灵魂，是美的最高层次。追求语言文字的形象、生动、有文采，却因此丧失了行文节奏，那就是得不偿失、本末倒置。

对语言节奏的把握，不仅体现在第一自然段当中，其他各段也都是如此。比如，第二自然段，为什么不同的花开放的时间会不同，作者举了昙花的例子，也举了"还有的花"的例子。"昙花"在这里就是一种点的说明，"还有的花"在这里就是一种面的介绍。只有点没有面，对原因说明的代表性不够；只有面没有点，对原因陈述的典型性不足。有点有面，点面结合，不仅思考分析显得严谨有说服力，而且体现了一种行文的节奏，使得科学与美水乳交融、浑然一体。

写"昙花"，是长长的一段文字："昙花的花瓣又大又娇嫩，白天

72

阳光强，气温高，空气干燥，要是在白天开花就有被灼伤的危险，深夜气温过低开花也不适宜，长期以来它适应了晚上九点左右的温度和湿度。"写得非常详细。写"还有的花"，只有短短的一句话："还有的花需要昆虫传播花粉才能结出种子，它们开花的时间往往跟昆虫活动时间相吻合。"写得非常简略。这叫详略得当，这就是节奏。以前，我们但知要写得有详有略，却不知为何这样写才是好的。现在，知道了节奏，知道了节奏是一切艺术的灵魂，知道了节奏是最高层次的美，自然就明白了详略得当的道理。

这种对行文节奏的刻意追求，同样也体现在第三自然段。比如："这些花在二十四小时内依次开放，你只要看看什么花刚刚开放就知道大致是几点钟。"其实，顺着这句话的意思作者可以继续写下去："牵牛花开了，这是在凌晨四点左右；蔷薇开了，这是在五点左右；睡莲开了，这是在七点左右；午时花开了，这是在中午十二点左右；万寿菊开了，这是在下午三点左右；烟草花开了，这是在傍晚六点左右；月光花开了，这是在晚上七点左右；夜来香开了，这是在晚上八点左右；昙花开了，这是在晚上九点左右。"

作者为什么不这样写呢？出于两个考虑：第一，文章的第一自然段已经写到了这些花的开放时间，为了避免不必要的重复；第二，还有一个重要考量，追求一种虚与实的变化。既然第一自然段已经实写了，那么文章最后不写这些内容，也就等于写了，这叫虚写。虚实相生，就是节奏。

现在可以做一个梳理归纳了。就一段话而言，短语的变化、句式的变化、语气的变化，是一种节奏的自觉追求；就一篇文章而言，详略得当、点面结合、虚实相生，也是一种节奏的自觉追求。这种追求，超越了写得形象、写得生动、写出文采，而是对美的灵魂、美的最高层次的敬意与膜拜。

那么，节奏跟语境又有什么关系呢？把握节奏跟观照语境又有什么关系呢？

节奏，只有在语境中，在语言流中，在语言跟语言的关系中，才能被建构，被呈现。节奏是对比的产物，是矛盾双方的消长兴衰、对立统一，撇开语境，对比不复存在，消长兴衰的矛盾双方不复存在。一句话，没有语境就没有节奏。

是的，节奏活在语境中，节奏赋予语境以最高的美。

对节奏的把握要基于语境，在语境中，通过语境来实现。对文本其他各个方面的解读，同样必须基于语境，在语境中，通过语境来实现。

在语篇语境中把握诗眼

观照语境，就必须对文本做整体性把握。整体需通过局部来理解，局部又需在整体联系中被理解。两者相互依存、螺旋上升，这叫观照语境。观照跟分析不同，观照具有全局性、整体性、关联性、统摄性。

我们再举个例子，比如《泊船瓜洲》，这首诗老师们很熟，都知道其中有一个字用得特别好——"春风又绿江南岸"的这个"绿"

字。王安石的这个"绿"字，是有出典的。南宋的洪迈在他的《容斋续笔》中，有这样的记载："吴中士人家藏其草。""其"指王安石，"草"指草稿。"初云：'又到江南岸'，圈去'到'字，注曰'不好'，改为'过'，复圈去而改为'入'。旋改'满'。凡如是十许字，始定为'绿'。"改了十多次，最后定为"绿"。

那么，这个"绿"字好在哪儿呢？常见的一种说法是，认为"绿"化无形为有形，化无色为有色。你想，春风本来是无形无色的，用上"绿"字，色彩出来了，形状出来了，抽象的风变得非常形象了。还有一种说法，这个"绿"字带来一种勃勃的生机，焕然的希望，跟王安石的变法背景非常吻合。

其实，这样使用"绿"字并非王安石首创。至少，在唐朝就已经有人这样使用了。比如，唐朝的丘为在《题农父庐舍》一诗中，就有"东风何时至？已绿湖上山"；比如，大诗人李白《侍从宜春苑奉诏赋龙池柳色初青听新莺百啭歌》的头两句，"东风已绿瀛洲草，紫殿红楼觉春好"；比如，常建的《闲斋卧雨行药至山馆稍次湖庭》中有"主人山门绿，小隐湖中花"。有传言说，王安石这个"绿"字，是受了丘为这首诗的启发，最后才圈定"绿"字的。

那么，丘为的这两句诗比王安石的出名吗？李白、常建的这些诗句比王安石的出名吗？要说化无形为有形，化无色为有色，这些诗中的"绿"字所表达的效果应该是一样的；要说带来生机与希望，这些诗中的"绿"字也不是没有啊。

所以，离开整首诗的语境或者说整体的意境，我们是很难判断诗中的某一个字眼儿到底是好还是不好的。只有联系整体的语境，从整体语境出发来观照其中的某个意象，才可以判断、辨析这个意象好还是不好。

"绿"无疑是用得好的。但是，要知道《泊船瓜洲》这首诗的诗眼不是"绿"字。是哪个呢？是"明月何时照我还"的"还"字。"还"就是回家。王安石的老家在江西临川，但他后来常年居住金陵，就是现在的南京，最后病逝在南京。南京是他的第二故乡。从某种程度上讲，南京在王安石心中的位置可能超过临川。"明月何时照我还"的"还"，就是回到南京、回到故乡，整首诗写的是一种乡愁。

我们不妨一句一句地分析。"京口瓜洲一水间"，"京口"指长江南岸的镇江，"瓜洲"指长江北岸的扬州的瓜洲渡口。"一水间"是指京口和瓜洲被长江隔开，但只有一水，距离并不远。"钟山只隔数重山"，"钟山"指南京的紫金山，这里可以指代故乡金陵。金陵也只隔了数重山，故乡其实就在"我"的眼前。"春风又绿江南岸"，"又绿"在讲什么？观照整首诗的语境和意境，我们就应该明白，这个"绿"跟生机没有关系，跟希望没有关系。这个"绿"是思归的意象。春草又绿了，浪迹天涯的游子啊，该是回家的时候了。

这样解读有依据吗？有！《楚辞》的"王孙游兮不归，春草生兮凄凄"，春草枯了又重新生发、茂盛了，王孙啊，你浪迹天涯，闯荡江湖，什么时候能回来呀？你看，草绿跟思归连在一起。王维的诗写得更直白，"春草年年绿，王孙归不归"，春草绿了一年又一年，王孙你到底回不回啊？你看，草绿跟思归也连在一起。显然，王安石正是从思归的情感角度来使用"绿"这个意象的。春风又一次吹绿了故乡（江南岸）的春草，我什么时候能回家呢？最后一句"明月何时照我还"，"明月"同样是一种典型的乡愁意象，象征着团圆的明月啊，你什么时候能照着我回家呢？

其实，这首诗句句写乡愁，字字写思归。但是，此时此地的王安石，无法回家，不能回家。了解历史背景的人都知道，王安石此时正要入京主持第二次变法。责任在肩，家国在心，即使乡愁再浓，思归再切，他也只能感慨一番而已。

所以，观照整体语境，这里的"绿"字就应该被解读为思归的意象。而正是这个化无形为有形的"绿"字，以一种强有力的视觉冲击力渲染、凸显了这首诗的乡愁之情。

我们可以做的和应该做的，就是在上下文的关联中，在文本的语篇语境中，在相关的历史文化背景中，去寻求对文本意义的合理解释。对于文本解读，我们必须基于语境，在语境中，最后又回到语境，这就是观照语境。

附:

语言的秘密：妙在变化

——《花钟》（两课时）教学设计

江苏省丹阳市实验小学　张学伟

一、　教材内容

统编小学语文教科书三年级下册第13课。

二、　教学理念

课文《花钟》是一篇独特的文章。

首先是内容独特。自然界奇特的现象——花开的时间各不相同，但是各自都有大致的固定时间，故称之为花钟。课文以这个看似普通但又非常神奇的现象作为内容，展开了描写。先写"花钟"的现象，再写"花钟"形成的原因，最后写"花钟"的有趣。这样的内容新奇而又独特。

其次是语言独特。课文的语言是简单的，朴实易懂，对每一种花的描写甚至只有或长或短的一句；课文语言是生动的，作者笔下的花不是呆板的植物，而是大自然的使者和精灵，绽放着独特的个性和风采；课文的语言更是变化的，句式在变化，对花态的描写在变化，对时间的表述也有变化……全文读来，虽然简单，却耐人寻味；文章虽短，却错落有致。这样的语言别有味道。

面对三年级的学生，让他们体会课文语言的变化，感受表达的多样——看似很难，其实也有道可循，那就是紧扣课文的语言进行教学。这篇文章确实是学习语言变化的不可多得的范本。抓住这个核心的知识点，引导学生在习得语言的过程中体会语言的妙处。

"在阅读中悟法，在运用中得法"是这节课的基本策略。

1. 对比朗读——在阅读中感悟语言的变化。

课文第一段描写了"花钟"的具体现象。句式有变化，描写有变化，叙述也有变化。出示教师"干巴的描写"和课文"生动的描写"做对比，经过几次对比，学生会逐步发现"变化的秘密"。

2. 改写课文——在运用中揣摩语言的变化。

课文的描写是生动的，但不是唯一的。感悟"语言的变化"之后，让学生动手改写课文。当每个人呈现出和课文内容大致相同，但表达另有姿态的改写文章后，他们对"变化"的含义的了解自然更深一层了。

3. 拓展说话——在实践中习得语言的变化。

补充关于各种花的特点和精神的材料，既紧扣花这个主题，有其内神（内容），又实践"语言的变化"这个核心知识点，有其外形（形式）。学生在拓展中用法得法，也在实践中明意得神。

三、 教学目标

1. 核心目标：感悟"语言的变化"，并依据课文内容和补充材料进行实践运用，习得"变化的秘密"。

2. 条件目标：能正确、流利、有感情地朗读课文；能了解全文内容，知道"花钟"的现象、原因和趣味；进行课文改写，揣摩"变化之妙"；借助拓展材料，习得"变化之法"。

四、 教学过程

（一）阅读、梳理、对比——中心句里有秘密

1. 破题导入：

（出示：有鲜花、钟表和课题的图片）

师：今天，我们要学的是——花钟。这幅图上，花在哪里？钟在哪里？鲜花怎么会和表示时间的钟表联系在一起呢？我们来读课文，寻找答案。

2. 自读课文：边读边思——围绕"花钟"，课文三个自然段各写了什么？

3. 梳理内容：三个自然段各写了什么内容？（花钟的具体现象、形成原因和趣味。）

4. 对比发现：你是怎么发现三个段落的意思的？这三个自然段的中心句都藏在其中，看看有什么不同？

（第一、三段是用叙述的句子，直接写出了"中心句"；第二段是用自问自答的形式，暗示了"中心句"。这就是——段落中心句出示的"变化"。）

【学生自读、概括、梳理，进而对比发现，初步感受：哦，中心句的出现也有变化！】

（二）对比、研读、发现——句式语言"变"生趣

1. 读第一段，提取"花"和"钟"。

（1）自读第一段，你有什么发现？（写了很多种花和它们的开花时间）

（2）自己画出"花"和"钟"的词语。

（3）梳理展示：

花	钟（时间）
牵牛花	凌晨四点
蔷薇	早上五点
睡莲	早上七点
午时花	中午十二点
万寿菊	下午三点
烟草花	傍晚六点
月光花	晚上七点
夜来香	晚上八点
昙花	晚上九点

2. 对比阅读，发现语言的变化。

（1）出示教师写的一段话和课文第一段。

朗读对比，你有什么发现？

　　凌晨四点，牵牛花开了；早上五点，蔷薇花开了；早上七点，睡莲花开了；中午十二点，午时花开了；下午三点，万寿菊开了；傍晚六点，烟草花开了；晚上七点，月光花开了；晚上八点，夜来香花开了；晚上九点，昙花开了……

　　凌晨四点，牵牛花吹起了紫色的小喇叭；五点左右，艳丽的蔷薇绽开了笑脸；七点，睡莲从梦中醒来；中午十二点左右，午时花开花了；下午三点，万寿菊欣然怒放；傍晚六点，烟草花在暮色中苏醒；月光花在七点左右舒展开自己的花瓣；夜来香在晚上八点开花；昙花却在九点左右含笑一现……

（2）引导学生多层次对比发现。

①描写花开的语言：

第一段文字（教师写的）描写花开比较单调，重复，语言比较"干巴巴"。每一句都是"花开了"。

第二段文字（课文）比较生动，富于变化。语言比较"丰满"。如：（牵牛花）吹起了紫色的小喇叭；（艳丽的蔷薇）绽开了笑脸；（睡莲）从梦中醒来；（烟草花）在暮色中苏醒；（月光花）在七点左右舒展开自己的花瓣……

②描写时间的语言：

82

第一段文字（教师写的）描写时间比较单调，语言比较"死"。每一句都是"××点"。

第二段文字（课文）比较富于变化，语言比较"活"。如：凌晨四点；五点左右；七点；中午十二点左右；下午三点；傍晚六点；七点左右；晚上八点；九点左右。

（教师文中花开用时间都是准确时间，分秒不差，不符合实际——太"死"。课文中"大约"的描述反而更准确——比较"活"；用"左右"表示大约的时间，这样表达更准确。而"××点"和"××点左右"交替出现，使语言显得不单调，有变化。）

③句子的顺序：

第一段文字（教师写的）的句子语序比较单调，比较"死"。每一句都是"××点，××花开了"，如：凌晨四点，牵牛花开了；早上五点，蔷薇花开了……

第二段文字（课文）的句子语序有变化，比较"活"。如：傍晚六点，烟草花在暮色中苏醒；月光花在七点左右舒展开自己的花瓣；夜来香在晚上八点开花；昙花却在九点左右含笑一现。

（3）总结发现：变化的句式和描写，使文章语言鲜活生动。

（三）体会、改写、揣摩——下水方悟其中意

1. 出示练习：

牵牛花　　　　凌晨四点　　　　吹起了紫色的小喇叭

蔷薇	早上五点	绽开了笑脸
龙葵花	清晨六点	
睡莲	早上七点	从梦中醒来
午时花	中午十二点	开花了
万寿菊	下午三点	欣然怒放
紫茉莉	下午五点	
烟草花	傍晚六点	在暮色中苏醒
剪秋萝	晚上七点	
月光花	晚上七点	舒展开自己的花瓣
夜来香	晚上八点	开花
昙花	晚上九点	含笑一现

2. 根据上述对应的"花名、时间、描写"进行说话，注意变化语序，变化描写时间的语言，变化描写花开状态的语言。

选说：每个人自选三种花，用三种有变化的句式、语言来说话；

全说：尝试着把所有的都说下来，中间要不断有句式和语言的变化。

【学生在阅读对比中发现课文语言的秘密——变化，这还只是停留在认识层面上，只是"知道"。想做到真正的"悟到"，还要在运用中加深感悟。这个改写（也有补写）的过程，就是促使学生从"知道"走向"悟到"的过程。根据课文内容改写，梯度不高，难度不大，但是，学生的关注点一直在——"变化"。这样的训练，聚焦，

84

有效。】

（四）拓展、运用、说话——实践得法明真谛

师：我们再来增加一下难度，做两个拓展练习——

1. 第一个练习：花语。

花名	特点	品质
桃花	芬芳烂漫，妩媚明丽	春的使者，生机勃勃
牡丹	色泽艳丽，富丽堂皇，花中之王	繁荣昌盛，兴旺发达
荷花	花瓣如玉，千姿百态	出淤泥而不染，高洁优雅
桂花	金黄，花瓣细小，芳香宜人	毫不张扬，默默奉献
菊花	隽美多姿，盛开在百花凋零之后	凌霜盛开，高尚坚强
梅花	冰肌玉骨，清幽脱俗，芬芳依然	坚贞不屈，傲霜斗雪

要求：学生根据上面的对应材料练习说话，注意句式和语言的变化。

2. 第二个练习：净化空气的植物。

名称	特点	作用
芦荟	耐寒多肉	治愈伤口，消"苯"能手
白掌	洁白美丽不喜阳光	消除有害气体
吊兰	生长迅速	消除有害气体，能对付甲醛

常青藤	喜欢凉爽环境	去臭效果明显
波士顿蕨	喜阳光但不能干燥	天然的"加湿器"
非洲菊	喜欢光照，保持湿润	过滤苯，提高空气质量

要求：学生根据上面的对应材料练习说话，注意句式和语言的变化。实际教学中，根据学情，两个练习既可以同时使用，也可以只选择一个使用。

3. 总结：语言的秘密——变化。变化的句式和语言使文章生动鲜活，摇曳多姿。

【这个拓展说话的环节，比改写更有难度，但是学生根据材料提示，也能顺利完成。关键是这个练习仍然聚焦语言的变化。阅读对比是引导学生"知道"，改写课文是让学生在运用中"悟到"，拓展说话则是让学生在实践中"得到"，而完成这两个拓展练习，正是从"悟到"努力走向"得到"的过程。】

五、 板书设计

花钟

变化

第五讲　同中辨异

——以《普罗米修斯》为例

　　我们知道，把握结构是文本解读的重要策略。一般来说，文本结构涉及三个层次：第一个层次为"表层结构"，第二个层次为"深层结构"，第三个层次为"超验结构"。所谓的表层结构，一般是指文本的线索和脉络，层次和段落，过渡和照应等，也就是平常我们课堂上所做的结构分析。而深层结构，因为是深层，所以它隐藏得更深，抽象程度也更高，它涉及的往往是语言文字背后的思维模式、文学母题、神话原型等。第三个层次超验结构，它属于文本的形而上的层次，比深层结构更抽象，包括审美、宗教、信仰等，这是文本的最高层面。

　　今天我们要解读的文本是统编小学语文教科书四年级上册的第14课——《普罗米修斯》。这是一个古希腊的神话故事。说到神话故事，我们就要对它的深层结构，也就是神话原型做一个解读。在这个基础之上，我们再来发现不同的神话文本有着怎样不同的个性特征。以此类推，我们还可以进一步思考，不同的文本具有怎样不同的特征。

相同的深层结构：遭遇困境

现行的统编小学语文教科书，一共选录了五个神话文本。课文最早出现的神话故事在二年级下册，叫《羿射九日》。然后到了四年级上册，出现了一个神话故事单元，编排了四个神话文本，分别是《盘古开天地》《精卫填海》《普罗米修斯》和《女娲补天》。我们现在把这些神话文本都放在一起，看看它们具有怎样的深层结构。

首先来看《羿射九日》。这篇课文讲的是天上本来有十个太阳，十个太阳很有秩序，一天一个轮流值日。可是有一天，这十个太阳觉得轮流值日没意思，估计都想争功夺利吧，就一起跑了出来。这样，天空就同时出现了十个太阳。十个太阳炙烤着大地，谁受得了？大家看，这是在讲遭遇困境，而且是个巨大的困境。

于是，神话人物——羿出现了。羿是一个神箭手。为了帮助人们脱离苦海，他翻过了九十九座高山，蹚过了九十九条大河，最后一口气射下了九个太阳。显然，这是在讲挑战困境。总不能让困境永远存在呀，总得有人（神话人物）出来拯救人类呀。

最后，羿留下了一个太阳。从此太阳每天从东方升起，从西方落下。土地渐渐滋润起来，花草树木渐渐繁茂起来，江河奔腾欢畅，大地又充满了勃勃生机。好了，问题终于解决了。这是在讲解决困境。

由此，我们发现，这个神话故事的深层结构跟困境有关。先是讲人类遭遇某个困境，再是讲神话人物出来挑战这个困境，最后是讲解决这个困境。

那么，别的神话故事呢？是否也有这样的深层结构呢？

我们来看《盘古开天地》。我们先来了解故事梗概。很久很久以前，天和地还没有分开，宇宙混沌一片，像个大鸡蛋。有个叫盘古的巨人，在混沌之中睡了一万八千年。一开始，天地未分，宇宙一片混沌，盘古睡在里面，睁眼一看，周围黑乎乎的，什么也看不见，这就是他面临的困境。怎么办呢？这个时候就要挑战困境了。盘古拿起一把斧子，使劲地向"大鸡蛋"劈过去，"大鸡蛋"碎了。于是，轻而清的东西缓缓上升，变成了天；重而浊的东西缓缓下降，变成了地。他又担心天和地还会合拢，于是头顶着天，脚踩着地。这样过了一万八千年，天升得高极了，地变得厚极了，盘古就像柱子一样一直撑在天地之间，不让它们重新合拢。又不知过了多少年，天地终于成形了。那么，困境解决了吗？挑战结束了吗？当然没有。天地是有了，但是万物还没有。结果，盘古倒下以后，他的身体发生了巨大的变化。他呼出的气息变成了四季的风和飘动的云；他发出的声音化作了隆隆的雷声；他的左眼变成了太阳，他的右眼变成了月亮；他的四肢和躯干变成了大地的四极和五方的名山；他的血液变成了奔流不息的江河；他的汗毛变成了茂盛的花草树木；他的汗水变成了滋润万物的雨露……一句话，盘古用整个身体创造了万物。于是，困境解决了，挑战结束了。这个神话故事的挑战涉及两个方面：第一是开辟天地，第二是创造万物。虽然挑战和困境不一样，深层结构却跟《羿射九日》完全一样，也是按照"遭遇困境—挑战困境—解决困境"来叙事的。

我们继续来看《精卫填海》。它是一篇文言文，是我们耳熟能详的故事："炎帝之少女，名曰女娃。女娃游于东海，溺而不返，故为精卫。常衔西山之木石，以堙于东海。"文章短小精悍，我们分析一下深层结构。首先出现困境——溺而不返，女娃被淹死了。她的灵魂，化为精卫。于是精卫填海，挑战这个困境。有人说这个困境并没有解决呀，这么大的东海怎么填得满呢？从客观角度看，东海当然是没有办法填满的。但是，精卫填海这种不畏牺牲、奋斗不止、不达目的决不罢休的精神，却重塑了女娃的灵魂，甚至可以说重塑了人类的灵魂。从这个意义上来说，困境解决了。我们发现，《精卫填海》这个神话故事的深层结构也是这样的：遭遇困境—挑战困境—解决困境。

再看《普罗米修斯》。这是古希腊的神话故事，这个神话故事的深层结构又是怎样的呢？一开始讲，很久很久以前，地面上没有火，人们只好吃生的东西，在无边的黑暗中度过一个又一个长夜。这不就是人类遭遇的困境吗？当人类遭遇困境的时候，普罗米修斯出现了。天神普罗米修斯来到人间，看到人类没有火的悲惨情景，决心冒着生命危险，到天上去盗取火种。他做了两件事：第一，盗取火种，送给人类；第二，不还火种，甘受惩罚。这就是挑战，无论盗火，还是受缚，都是对困境的挑战。故事的结局是大力神赫拉克勒斯解救了普罗米修斯。所以，这个神话故事的深层结构也是如此：遭遇困境—挑战困境—解决困境。

最后，我们来看《女娲补天》。这个神话故事一开始讲的也是遭遇困境。水神共工和火神祝融打了起来，打到最后，共工败了，一怒之下就对着不周山撞了过去。结果，不周山其实是擎天的一根柱子，柱子断了，天就倾斜了，还露出一个大窟窿。于是，洪水来了，淹死了很多人，各种野兽也都跑出来残害人类。这不就是困境吗？于是，女娲出现了，她做了四件大事：第一件，寻找五色石熔炼，补好天上的大窟窿；第二件，杀了一只大乌龟，用它的四条腿撑起天空；第三件，杀死作恶多端的黑龙，吓跑其他各种野兽；第四件，把芦苇烧成灰，堵住地缝，治好了洪水。这不就是挑战困境吗？最后，天和地又恢复了平静，人类获得了新生。这不就是解决困境吗？所以它的深层结构也是：遭遇困境—挑战困境—解决困境。

综合起来比较，我们发现统编教材中出现的这五个神话故事，它们的深层结构其实是一致的。首先讲遭遇困境，然后讲挑战困境，最后讲解决困境。这样一个深层结构，在某种程度上讲就是神话的一种原型。这种原型的背后所寄托的、所反映的，是人类早期，也就是我们的先民，对生命困境、自然困境的一种诗性探索。神话不是现代人创造的，一定是人类早期的先民创造的，口耳相传，代代相传，传了几万年以后才延续到今天。

神话故事，讲述的往往是人类面临的一些重大困境。比如自然问题——遇到自然界的大灾大难，人类该怎么办？比如生命问题——我是谁？我从哪里来？我将去哪里？这些往往都是重大的生存问题、终极的哲学问题。对于这些问题，我们的先民以神话这种方式做出了自己的思考和回答。当然，这种思考是原始的思考，是诗性的思考，不是我们现在的科学探索。

但是，神话并非毫无意义和价值。相反，神话蕴含着巨大的、远未被我们认识的意义和价值。一方面，在神话故事中，一切都可能发生，似乎没有逻辑可言。比如盘古开天地，他睡在那个混沌的"大鸡蛋"里面，天地还没有成形，万物还没有产生，哪来的斧子？不讲逻辑啊！莫名其妙啊！其实，神话中有太多的不讲逻辑、莫名其妙，好像任何特征都可以加到任何主体上去，一切事情都变得可能，一切关系都可以成立。

另一方面，这种表面上的任意性又同从广大的不同地区收集来的神话之间令人吃惊的类似性是相违背的。就是说，亚洲的神话、欧洲的神话、大洋洲的神话、拉丁美洲的神话等，有着令人吃惊的相似性。那个时候，没有飞机，没有轮船，没有互联网，大洲与大洲之间的信息几乎是完全隔绝的，各大洲之间的人类根本没有办法交流。但是，我们刚才分析，不同地区创造出来的不同的神话，古希腊神话、古中国神话，最后发现它们的深层结构竟然是一致的：遭遇困境—挑战困境—解决困境。

我们今天要讲的，是同中辨异这个文本解读策略。"同"就是相同，相同的主题、相同的题材、相同的作家、相同的文化背景，各种不一样的"同"，总之，至少要找到一个相同点。但是，"同"只是前提、背景，我们重点要辨析的，是文本的"异"，不一样的结构、不一样的表达、不一样的语言、不一样的风格。"同"体现的是文本之间的共性、普遍性，而"异"则彰显了文本之间的个性、特殊性。正如孙绍振先生所指出的那样："作品分析的最终目标不应该是此一作品与其他作品之间的共同点。"拿几个作品来，分析一下，归纳一下，最后找出几个共同点来，就算完事了，这不是我们的最终目的。"我们的最终目的是要揭示和分析此一作品的特殊点。"也就是说，我们对文本的解读，不能只是停留在"类"的解读上，而是要进入"个"的解读。

接下来，我们运用"同中辨异"这个策略，来解读《普罗米修斯》这个古希腊神话文本。它跟其他神话文本的不同点、特殊点到底在哪里呢？只有把握了《普罗米修斯》这个神话文本的不同点、特殊点，才算完成了文本解读的最终目标。

辨异一：自然困境与神为困境

因为是同中辨异，当然需要有一组文本来作为参照。

我们来看《羿射九日》。遭遇的困境：天空出现了十个太阳，十个太阳像十个大火球炙烤着大地。我们进一步分析一下，这个困境是谁造成的？当然是自然造成的。就是说，《羿射九日》所讲的困境属于自然困境。

来看《盘古开天地》。"很久很久以前，天和地还没有分开，宇宙混沌一片，像个大鸡蛋。"这是盘古一开始遭遇的困境。这个困境是谁造成的呢？也是自然造成的。因此，盘古面临的也是自然困境。这与"羿射九日"所遭遇的困境是一样的。

再看《精卫填海》。"女娃游于东海，溺而不返。"精卫溺于东海，这个困境也属于自然困境。

再看《女娲补天》。一开始遭遇的困境是天缺了个窟窿，谁造成的呢？是水神共工和火神祝融打架造成的。这就不属于自然困境，而属于神为困境。我们发现，《女娲补天》的困境跟前面三个神话的困境不一样。

最后看《普罗米修斯》。普罗米修斯遭遇的困境是什么？这个神话故事第一次遭遇的困境是对人类而言的。"很久很久以前，地面上没有火，人们只好吃生的东西。"对人类而言，遭遇的困境是没有火。那没有火是什么原因造成的呢？根据古希腊神话故事的传说，没有火是因为众神的领袖宙斯下令，不能让人类用火。所以没有火，在古希腊神话语境中是神造成的。在普罗米修斯的神话故事中，还出现了第二次困境，那就是普罗米修斯被宙斯抓了起来，绑在高加索山上。这个困境是谁造成的呢？是由神与神达成的契约造成的。神界的契约规定，人类不配享用火。但是普罗米修斯破坏了这个契约，结果受到了宙斯的惩罚。因此，这个困境也是神为的，不是自然困境。

通过第一次同中辨异，我们发现了神话故事的个性特征。今天解读的《普罗米修斯》这个神话故事，第一个特殊点，就是他所面临的困境，不是自然造成的，而是神造成的。

辨异二：外在挑战与内在挑战

我们继续同中辨异。既然《女娲补天》和《普罗米修斯》所遭遇的困境都源于神为，那么，我们再细读这两个文本，看看这两个神话文本之间还有没有不同的个性特征。我们来看女娲是怎么挑战困境的：首先，她去寻找五色石，把五色石炼成石浆，用石浆去补好大窟窿；接着，她又杀了一只乌龟，用它的四条腿竖立在大地的四方，把天空撑了起来；然后，他又杀死了作恶的黑龙，吓跑了其他野兽；最后，她把芦苇烧成灰，堵住了地缝，止住了洪水。我们发现，女娲的挑战都是外在的挑战，无论是天出现了窟窿，还是大地裂开了缝，或者是洪水泛滥，女娲面临的都是外在的挑战。

而普罗米修斯面临的挑战又是什么呢？当宙斯因为普罗米修斯违背契约、违背神界规则把他抓起来之后，普罗米修斯要面对的挑战其实来自他自己，来自内在。因为，他只要答应宙斯的要求向宙斯承认错误、归还火种，那就什么事都不会发生。但是，他并没有答应宙斯的要求向宙斯承认错误，并归还火种，结果就是永远被锁在高加索山上，遭受鹫鹰啄食肝脏的巨大痛苦。这份痛苦简直是难以想象的：白天，鹫鹰把他的肝脏吃光，他万分痛苦；晚上，肝脏重新长好；第二天，这个痛苦继续轮回，天天如此，永无止息。我们知道，肝脏是人类器官中最柔软的部分，普罗米修斯所承受的简直就是地狱般的痛苦，而且这痛苦看起来是没有尽头的。什么叫生不如死？这就是。所以，普罗米修斯迎接的不是外在的挑战，他的挑战跟女娲的不一样，他要面对的是内在的挑战。说白了，你只要答应一声，什么事都没有；你不答应，就得遭受无止境的巨大痛苦。乐与苦，一念之间。

通过第二次同中辨异，我们发现《普罗米修斯》这个神话故事的第二个特殊点，就是他的挑战不是来自外在，而是来自内在。如果我们牢牢把握个性特点去解读《普罗米修斯》这个文本，就有可能抵达这个神话最为隐秘的精髓之地。

由于普罗米修斯的挑战是内在的，所以我们重点要解读的不是盗火，而是被缚。当他被锁在高加索山上，被鹫鹰天天啄食肝脏的时候，这对普罗米修斯意味着什么呢？

第一，他再也没有自由可言。文本是这样描述的："普罗米修斯的双手和双脚戴着铁环，被死死地锁在高高的悬崖上。"注意"死死"这个词，说明他既不能动弹，也不能睡觉，日夜遭受着风吹雨淋的痛苦。不是一天，不是一年，不是一百年。按照古希腊神话故事说的，他在这里被死死地锁了三万年，完全失去了自由。我们还可以通过还原矛盾来加深对这一点的理解。作为神，本来他拥有绝对的自由，他想去哪儿就可以去哪儿，他想做什么就可以做什么。这才叫神，没有自由还能叫神吗？但是，现在的普罗米修斯失去了一切自由。

第二，他再也没有幸福可言。凶恶的鹫鹰每天站在普罗米修斯的双膝上，用尖利的嘴巴啄食他的肝脏，白天他的肝脏被吃光了，可是一到晚上肝脏又重新长出来，第二天鹫鹰继续啄食肝脏，周而复始，无休无止。这样，普罗米修斯所承受的痛苦就永远没有尽头。这样的日子，生不如死，还有什么幸福可言呢？

第三，他再也没有希望可言。被死死地锁在高加索山上的普罗米修斯，只要他不答应宙斯的要求，就没有任何希望可言。日子一天一天过去，他遭遇的痛苦天天如此，看不到一丁点希望。可我们知道，神本来拥有绝对的希望，神本身就是希望的象征。这样来还原比较，更加深了我们对天神彻底绝望的体会。

本来，神拥有绝对的自由、绝对的幸福、绝对的希望，而现在的神没有自由，没有幸福，没有希望。但是，这是普罗米修斯自己选择的结果。从中，我们可以看出普罗米修斯的伟大品格：主动选择放弃自由，那是无所畏惧，那是无比勇敢；主动选择放弃幸福，那需要多么坚韧的品质；主动选择放弃希望，那是无私、博大的胸襟。

而我们知道，普罗米修斯的挑战完全来自内在。那么，迎接内在挑战的根本动力来自什么呢？或者说，他所表现出来的勇敢、坚韧、无私，背后的力量源泉是什么呢？故事中有这样一个细节描述——普罗米修斯摇摇头，坚定地回答："为人类造福有什么错？我可以忍受各种痛苦，但决不会承认错误，更不会归还火种！"这话说得掷地有声、斩钉截铁。他这样做的理由是什么？他为了谁？不为自己，不为别的神，他为人类。在中国神话故事中，人类是由女娲创造的，女娲是人类之母；而在古希腊神话中，普罗米修斯创造了人类，他是人类之父。正因为人类是他的孩子，他才心甘情愿地选择牺牲一切，绝对的自由，绝对的幸福，绝对的希望，他都愿意舍弃。这样的爱，就是博爱。

博爱是神之爱。神爱人，所以神宁愿选择失去绝对的自由，也要让人类得到自由，这样的爱是无条件的，这是勇敢；神爱人，所以神宁愿选择失去绝对的幸福，也希望他的孩子得到幸福，这样的爱是无分别的，这是坚韧；神爱人，所以神宁愿选择失去绝对的希望，也要让人类、让他的孩子得到希望，这样的爱是无自我的，这是无私。

什么是博爱？普罗米修斯所展现的就是博爱。博爱是无条件的爱，博爱是无分别的爱，博爱是无自我的爱。

通过同中辨异，我们读出了《普罗米修斯》这个神话文本的精髓之处——博爱。所以，这个神话故事是爱的神话，是博爱的神话。它超越了一般意义上的英雄主义解读。在我看来，把《普罗米修斯》解读为英雄主义叙事神话，显然没有触及这位天神的灵魂，是对他的一种矮化、窄化、庸俗化。

在古希腊人看来，神话传说中神的生活是人的另一种生活，是更好更高的生活。他是理想的、彼岸的、感性的和人性的。尽管诸神也可能会有种种劣迹。在古希腊的神系当中，各种神都有不同缺点、不同问题，包括众神领袖宙斯也有种种劣迹。但神是人性的神，是神化了的人。其实，古希腊神话故事当中的神，是人类把自身的人格投射到神的身上，并且加以理想化。从这个意义层面来讲，普罗米修斯就是古希腊人心目当中理想的人格化身。这一光辉的化身，对一代又一代的读者来说有着永恒的感召力、永恒的魅力。

文本解读就是要把它的独特性、与众不同之处分析、提炼出来。

要做出这样的分析和提炼，就要善于比较，在同题材文本中比较，在同主题文本中比较，在同作家文本中比较，在同体裁文本中比较。比较不是为了比出高低优劣，而是为了发现、凸显文本的"这一个"。这需要我们有相当精致的辨析力，这样的辨析力不可能一蹴而就，正所谓冰冻三尺非一日之寒，我们需要持之以恒、锲而不舍地刻苦磨炼。

附：

爱的神话：超越英雄

——《普罗米修斯》（两课时）教学设计

杭州师范大学　王崧舟

一、 教材内容

统编小学语文教科书四年级上册第 14 课。

二、 教学理念

课文《普罗米修斯》改编自希腊神话，塑造了一个敢于为人类幸福而反抗众神之主宙斯的英雄形象，彰显了普罗米修斯无私无畏的博爱情怀。

作为神话故事，神奇的想象是其鲜明的叙事特点；而引导学生展开想象读懂神话也应该成为神话文体教学的基本策略。

1. 用想象勾勒画面，让文字与画面联系起来。课文开头两段陈述了人类"没有火"和"有了火"两种不同的情况，可以让学生找出这两个不同画面，并据此展开丰富想象，进而理解普罗米修斯"盗"火的原因。

2. 用想象丰富内涵，让内涵催化词语理解。怎么理解"死死锁住""没有尽头""啄食肝脏""又长出来"这些重点词语的含义呢？

如果只是停留在对字面意思的解读上，就无法触及人物的精神内涵。只有在故事情境中运用想象，才能不断丰富这些词语背后的精神内涵。

3. 用想象激发情感，让学生情动而辞发。想象给文字注入生命，让情感激荡飞扬。当普罗米修斯被锁在高加索山上时，引导学生展开想象的翅膀，从普罗米修斯坚定的眼神中看到人类用火的幸福画面，从而被天神的博爱情怀触动。

4. 用想象促进思考，让学生登上思想高地。在教学结尾，可以引导学生大胆想象：如果没有大力神，普罗米修斯还会不会获救？这是与思考紧密结合的想象，可以提升学生对"爱"与"被爱"的认识。

三、 教学目标

1. 核心目标：了解普罗米修斯"盗"火的起因、经过和结果，体认普罗米修斯博爱的人物形象。

2. 条件目标：能正确、流利、有感情地朗读课文；能按照起因、经过、结果的顺序，讲述普罗米修斯"盗"火的故事；借助重点语段，想象普罗米修斯被缚时的巨大痛苦，感受他的无私和献身；在比较品读中，理解普罗米修斯说话的形式背后的独特意味，感受他的无畏和坚毅。

四、 教学过程

（一）整体感知"神话"

1. 导入：今天，我们要学的是古希腊时期一个非常著名的神话故事。一起读！（学生齐读课题。）

2. 理出四个神的名字。找一找，《普罗米修斯》这个神话故事写了哪几个神？课件呈现四个神的名字，学生正确朗读神的名字。

第一个——（齐读：天神普罗米修斯）

第二个——（齐读：众神领袖宙斯）

第三个——（齐读：火神赫淮斯托斯）

第四个——（齐读：大力神赫拉克勒斯）

3. 提炼故事梗概。以四个神的名字为线索，了解故事的起因、经过和结果，讲述故事大意。

（二）对比研读"取火"

1. 提取关于"火"的两个画面。故事一开头，就向我们呈现了两个完全不同、完全相反的画面。做两件事：第一，把这两个完全相反的画面用波浪线画下来；第二，展开想象——读着这两个完全相反的画面，你的心头会泛起一种怎样的感觉、怎样的情绪？

2. 在对比想象中感受普罗米修斯的"爱"。

①想象"没有火"：只好吃生的东西意味着什么？"无边的黑暗"让你感到什么？面对生吃东西的悲惨，面对漫漫长夜的恐怖，人们最需要的是什么？

饥肠辘辘的孩子在呼唤——（齐读：火！）

骨瘦如柴的老人在呼唤——（齐读：火！）

惊恐万状的妇女在呼唤——（齐读：火！）

②想象"有了火"：有了火的生活呢？看！人们正在用火干什么？你们注意到句子末尾的标点符号了吗，这说明什么？

这光明的生活靠什么——（齐读：火！）

这温暖的生活靠什么——（齐读：火！）

这安全的生活靠什么——（齐读：火！）

（三）集中体验"受难"

1. 定格"被锁"和"被啄"这两个画面。

神话故事又向我们呈现了两个画面，那是两个惨不忍睹、惨无人道的画面。做两件事：第一，用波浪线将这两个画面画下来；第二，圈一圈，点一点，是哪些细节、哪些字词深深地刺痛着你的心。

2. 想象"被锁"的画面。

我们不妨对比着想一想：当人们正在用火过生活的时候，普罗米修斯却过着怎样的生活？

当人们正在用火烧熟食物，津津有味地品尝着美味佳肴的时候，普罗米修斯却过着怎样的日子？

当人们正在用火驱寒取暖，围着火堆享受无限温暖的时候，普罗米修斯却过着怎样的日子？

当人们正在用火驱赶猛兽，准备安安心心地睡上一觉的时候，普罗米修斯却过着怎样的日子？

3. 想象"被啄"的画面。

画面中哪些字眼在深深地刺痛着你的心？你有什么话要对那个狠

心的宙斯说？

（四）深入感悟"博爱"

1. 想象人间有火的情景。

在高高的悬崖上，铁链死死地锁住了他的身体，鹫鹰狠狠地啄食着他的肝脏，但是，他坚定的目光眺望着远方，眺望着大地，眺望着他深深爱着的人类。他一定看到了许多许多。放飞你想象的翅膀，写下普罗米修斯在人间看到的情景和画面。

（想象写话：在高高的悬崖上，普罗米修斯坚定地望着大地，望着人间，他看到＿＿＿＿＿＿＿＿＿＿＿＿＿）

2. 品读"博爱"的情怀。

对比品读："为人类造福，有什么错？我可以忍受各种痛苦，但决不会承认错误，更不会归还火种！"

普罗米修斯为什么不是这样说：

①为人类造福没有错。我可以忍受各种痛苦，但决不会承认错误，更不会归还火种！

②为人类造福，有什么错？我可以忍受各种痛苦，但不会承认错误、归还火种。

③为人类造福，有什么错？我可以忍受各种痛苦，但决不会归还火种，更不会承认错误！

创设情境，复沓式引读普罗米修斯的原话：

这坚定的回答在普罗米修斯被死死地锁在高加索山上的时候响起

过——读！

这坚定的回答在普罗米修斯被狂风暴雨无情吹打的时候响起过——读！

这坚定的回答在普罗米修斯被鹫鹰啄食肝脏、生不如死的时候响起过——读！

一百年过去了，这声音坚定地回响在高加索山上——读！

一千年过去了，这声音依然坚定地回响在人类的心中——读！

一万年过去了，两万年过去了，三万年过去了，这声音不但没有减弱、没有消失，反而更加坚定地回响在茫茫的天地之间——读！

（五）移情体验"博爱"

想象思考：假如，故事的结尾不是这样，大力神赫拉克勒斯顾及父亲宙斯的面子，没去解救普罗米修斯。那么，普罗米修斯还有获救的可能和希望吗?

总结提升：真正解救普罗米修斯的，不是大力神，也不是别的什么神，而是他对人类的爱。爱别人，也被别人爱，这就是一切，这就是宇宙的法则。

五、 板书设计

普罗米修斯

爱是永远的神话

第六讲　文化自觉

——以《伯牙鼓琴》为例

在第二讲中，我们讲到了文本解读的一个基本策略——把握结构。在以后几讲中，我们也运用把握结构的策略，解读了《花钟》《普罗米修斯》等文本。这些解读，不断深化了我们对把握结构这一策略的理解。

从表面上看，结构只是一种形式。但是，任何结构都有独特的功能和作用，所以，结构本身也在彰显文本的内涵与魅力。也就是说，同样的内容用不同的结构去表现，最后的效果是不一样的。这就意味着，文本内容有其独特的意义和作用，文本形式同样也有其不可替代的意义和作用。从这个角度讲，结构其实是一种更高级的内容。这也是我在文本解读中一再强调的一个观点：形式不只是形式，形式是一种更高级的内容。

我们这一讲要解读的文本，是统编小学语文教科书六年级上册第21课《文言文二则》中的《伯牙鼓琴》。我们从结构的角度去解读它，看看能不能解读出这个文本结构所具有的独特的表达效果和内涵。

我们先来看这个文本：

伯牙鼓琴，锺子期听之。方鼓琴而志在太山，锺子期曰："善哉乎鼓琴，巍巍乎若太山。"少选之间而志在流水，锺子期又曰："善哉乎鼓琴，汤汤乎若流水。"锺子期死，伯牙破琴绝弦，终身不复鼓琴，以为世无足复为鼓琴者。

这个文本选自《吕氏春秋》本味篇。我专门找到《诸子集成》，那是一套比较权威的诸子百家的文集。我从文集中找到《吕氏春秋》的本味篇，通过比对，发现统编教材中选用的《伯牙鼓琴》，跟《吕氏春秋》本味篇中的《伯牙鼓琴》在文字表述上完全一致，只是断句稍有不同。

我们先从结构的角度去解读，会发现一些什么秘密呢？文本解读不需要做一般字面上的解读，那种解读意义不大。我们从专业的角度去解读，就是要解读文本隐藏的意义，要去揭示埋藏得很深的内涵。像文本结构，尤其是它的深层结构、超验结构，就是隐藏得比较深的东西，需要我们切入进去，加以破解。

深层结构：知音结构

我们先看这个文本的前半部分，很有意思，两个人物：伯牙和锺子期。这个故事，这两个人物之间，在文本结构上呈现一种什么关系呢？大家看，写伯牙一句，必写锺子期一句；又写伯牙一句，又必写锺子期一句。完全是一种对应的、互动的关系。比如："伯牙鼓琴，锺子期听之。"是对应的，伯牙怎么样，锺子期怎么样。再比如，伯牙鼓琴，"志在太山，锺子期曰：'善哉乎鼓琴，巍巍乎若太山'"。伯牙怎么样，锺子期怎么样，也是对应的。下一句也一样，伯牙鼓琴，"志在流水，锺子期又曰：'善哉乎鼓琴，汤汤乎若流水'"。完全对应起来。其实，结构关系就是伯牙怎么鼓，锺子期怎么听；伯牙鼓什么，锺子期听什么；伯牙鼓琴志在哪里，锺子期知道他志在哪里。那么，这样一种互动、对应的结构关系，意味着什么呢？我以为，这种关系的深层结构，就是知音结构。

一般读者所理解的"知音"，往往是单向的，以为锺子期是伯牙的知音。这个当然没有错，但是反过来，你想过没有，难道伯牙不是锺子期的知音吗？真正的知音，是彼此印证、彼此理解、彼此照亮，关系应该是双向的、互动的。锺子期是伯牙的知音，伯牙同样也是锺子期的知音。那么，从两个人物在表达结构上的互动关系可以看出，文本的前半部分，正是对这种双向、互动的知音关系的一种模拟、一种匹配。

我们再看这个文本结构的后半部分："锺子期死，伯牙破琴绝弦，终身不复鼓琴，以为世无足再复鼓琴者。"一个是"死"，一个是"绝"。我们也可以这样说：锺子期之死乃是肉身之死，而伯牙呢，其实也死了，伯牙之死，是精神之死。这样一个大琴师，一个宫廷首席乐师，一个视音乐比他的生命还要珍贵的乐师，居然破琴绝弦，终身不复鼓琴。这不是要了他的命吗？虽然肉身没有死，但哀莫大于心死。

所以，两位其实都是死。从这个意义上讲，伯牙是以死谢知音，而不仅仅是破琴谢知音。

文本结构：突转式结构

小学阶段的文言文，文本都比较短小，结构却不一定是简单的。《伯牙鼓琴》的文本结构，我们已经用下图做了表示。

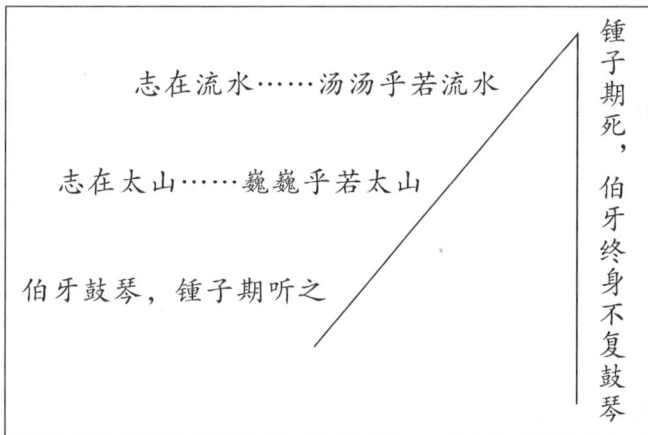

一开始，读"伯牙鼓琴，锺子期听之"的时候，我们会有期待，而且这个期待是在逐渐上升的。"方鼓琴而志在太山，锺子期曰：'善哉乎鼓琴，巍巍乎若太山。'"锺子期听出来了，听懂了。我们的期待会继续上升。一方面，原来的期待已经被满足了，我们感到欣喜；另一方面，新的期待马上产生：伯牙继续鼓琴，锺子期还能听懂吗？果然，"少选之间而志在流水，锺子期又曰：'善哉乎鼓琴，汤汤乎若

109

流水'"。锺子期又听出来了，又听懂了。于是，我们的期待又一次得到了满足。但是，我们没有就此罢手，因为我们还有期待：是不是伯牙所念，锺子期必得之呢？结果，真的如此。这个时候，我们的体验达到一个顶点；其实，故事中伯牙的体验，同样达到一个顶点；锺子期呢，也同样达到了一个顶点。

这个顶点，就是马斯洛所讲的，人在自我实现的时候会有一种高峰体验。我觉得伯牙也好，锺子期也好，包括读者也好，到这个点上的时候都会有一种高峰体验。从起点到顶点，期待被一次又一次地满足，体验的峰值一次又一次地提升，就像爬坡一样，越来越高，一直爬到顶点。这是故事前半部分的结构。

但是，故事没有沿着这条上升的斜线继续往上走。突然之间，锺子期死，中间没有任何过渡和铺垫，没有任何交代，没有任何解释，直接就告诉你："锺子期死，伯牙破琴绝弦，终身不复鼓琴。"一个身死，一个心死，刚刚还是好好的两个人，处在高峰体验的两个人，突然都死了。就像断崖一样，突然就由顶点笔直下坠，跌入万丈深渊。这是故事后半部分的结构。

那么，把两个部分整合起来，这是一种什么结构呢？这就是一种突转式的结构。

突转式结构，就是事情在发展到高潮的时候，突然之间朝着完全相反的方向结束，没有铺垫，没有过渡，最终结局是一个180度的大转向。那么，《伯牙鼓琴》为什么要选择突转式结构来叙事呢？这种结构对知音文化的表达起着怎样的作用呢？

第一，突然的转变，折射着知音的偶然性。中国人有句老话，"知音可遇不可求"，知音是求不到的。"求"具有规律性、必然性，但是"遇"就意味着偶然性、不可控性。锺子期出现了就出现了，不是求来的；锺子期消失了就消失了，而且是永远消失了，这也不是求来的（相反意义上的求）。总之，遇或不遇，都具有极大的偶然性。突转式的结构，正是对这种偶然性的主动回应。

第二，反常的结局，突显着知音的稀缺性。一个鼓，一个听；一个鼓什么，一个听什么；一个鼓中寓志，一个听中悟志。这样的精神交往，妙不可言，幸福无比。但最后的结局，是一个身死，一个心死。反差大到任何人都无法接受，这真的是无法承受的生命之重啊！有些孩子会觉得伯牙的这个行为不可理喻，认为伯牙可以用各种方式寄托自己的哀思，缅怀曾经的岁月，不需要做得那么绝，甚至有人说他太傻太天真。当然，孩子的理解是基于孩子现在的生活体验、阅读经验和文化感验，他们的解读不能说是不可理喻。但是，作为老师，作为语文老师，作为传承优秀文化的语文老师，这样理解就有辱使命了。知音的偶然性，必然导致知音的稀缺性，所谓"万两黄金容易得，知心一个也难求"。反常的结局，无论是锺子期的身死，还是伯牙的心死，都在凸显知音极为稀缺这个特点。一旦理解了这一点，也就理解了结构的这一反常性。

第三，强烈的冲突，寄寓着知音的高贵性。从表面上看，知音相遇，不就是你鼓琴，我听琴吗？难道还有什么实惠吗？是发大财吗？没有啊。是升大官吗？没有啊。是得大名吗？也没有啊。财、权、名，一个都没有，毫无实惠可言。但为什么最终的结果，一个死了，一个终身不复鼓琴呢？前后之间的冲突显然是非常尖锐、非常强烈的。那是因为，知音的价值不在功利层面，而在心灵层面；不在物质层面，而在精神层面。如果心灵、精神也有层次的话，那么，知音所蕴含的精神意义和价值，应该处在最高境界。这种突转结构所产生的强烈的冲突效果，不正是对知音精神价值的高贵性所做的某种呼应吗？

这就是《伯牙鼓琴》这个文本的突转结构所传递、所彰显的作用和意义。所以我一再强调，千万不要把结构当作一种纯粹的形式，好像没有什么意义似的。其实，这样的结构才会带来这样的表达效果，所有的结构都具有特定的功能。可见，文本形式的确是更高级的文本内容。

我们今天要讲的是"文化自觉"这个文本解读策略。什么是文化自觉？为什么要谈文化自觉？在文本解读过程中，如何彰显文化自觉？

"文化自觉"这个概念最早是由费孝通先生提出来的。1997 年，在北京大学社会学人类学研究所开办的第二届社会文化人类学高级研讨班上，费孝通先生首次提出了文化自觉这一概念。费孝通先生提出这个概念是有背景的，这个背景就是世界的全球化。全球化，一方面推动了经济的持续发展，促进了科技的快速进步；另一方面，以欧美文化为核心价值的主流文化，也迅速在全球范围内传播，导致世界上其他民族固有文化、本土文化、传统文化的隐退和消亡。所以，一旦丧失了文化自觉，全球化就极有可能变成全盘西化。说得严重一点，这是一种文化意义上的亡国亡种。

费孝通先生正是在这样一个大背景下，提出了"文化自觉"这一重要认识。他在《全球化与文化自觉》文集中这样说道："所谓文化自觉，它指生活在一定文化历史圈子里的人对其文化有自知之明，并对其发展历程和未来有充分的认识。换言之，是文化的自我觉醒，自我反省，自我创建。"最后一句话，有三个关键词。第一个，文化的自我觉醒。就是这个圈子里的人能主动意识到，这是我们的文化，不是人家的文化。第二个，文化的自我反省。我们文化的优势在哪里？缺陷是什么？是怎么来的？又会怎么发展？第三个，文化的自我创建。文化自觉不仅是一个认识的问题，更是一个实践的问题。文化文化，不能化怎么能称之为文化呢？化，就要继承它；化，就要弘扬它；化，就要创造它，这就是自我创建。通过自我创建，让自己的文化变得越来越真、越来越善、越来越美。

费孝通先生还把"文化自觉"概括成四句话。第一句，"各美其美"。第一个"美"是动词，就是欣赏、悦纳，后面这个"美"指的是自己的文化。你欣赏、认同你的文化，我欣赏、认同我的文化。第二句，"美人之美"。第一个"美"也是动词，就是尊重、理解，第二个"美"是指各自的文化。我尊重、理解你的文化，你尊重、理解我的文化。第三句，"美美与共"。这里的两个"美"，指的是不同的文化。各种不同的文化和谐共生，和而不同。第四句，"天下大同"。这是千百年来我们中国人为之不懈奋斗的理想和信念，也可以说，是中国传统优秀文化对全球化内涵的最早赋予。其实，美美与共，就是天下大同。

现在，我们从文化自觉的角度切入，重新解读《伯牙鼓琴》。我认为，学习《伯牙鼓琴》，不应只是满足于知道这个故事。伯牙干什么，锺子期干什么，开始怎么样，后来突然怎么样。只知道这个故事本身，是远远不够的。这个文本是以文言文的方式呈现的，感受文言文的语感，了解文言文中一些特殊的字法句法，掌握文言文的一些知识技能，也还是不够的。

小学生学文言文，不在实用，而在文化。小学的文言文教学，应该致力于文化的自我觉醒、自我反省、自我创建。一句话，为了文化自觉。

知音文化的滥觞

解读《伯牙鼓琴》，就需要这样的文化自觉。中国的知音文化从哪儿开始？从谁开始？从伯牙和锺子期开始，从他们的这个故事开始。所以，《伯牙鼓琴》是中国知音文化的滥觞。

那么，知音文化的内涵到底是什么呢？我们不妨再一次细读这个文本。"伯牙鼓琴，锺子期听之，方鼓琴而志在太山"，志，什么是志？心之所至，你内心的希望、内心的向往、内心的憧憬，这就是志。"锺子期曰：'善哉乎鼓琴，巍巍乎若太山'"，这个山是巍巍乎，很高很高。"少选之间而志在流水，锺子期又曰：'善哉乎鼓琴，汤汤乎若流水'"，怎么样的水？"汤汤乎"是浩浩荡荡、横无际涯的水。但是，锺子期听出来的，难道仅仅是伯牙的琴声中所渲染出来的"巍巍乎"的山，"汤汤乎"的水吗？难道只是山和水吗？这就是知音了吗？

"巍巍乎""汤汤乎"，不仅是在形容山和水，更是在形容伯牙内心的志向。锺子期其实真正听懂的是伯牙内心"巍巍乎若太山"一样的志向，这是一种高尚的志向。锺子期听懂的不仅仅是"汤汤乎若流水"，更是伯牙内心"汤汤乎若流水"一样的志向。这辽远的志向，既是他的人生追求，又是他的精神世界。所以，"高山流水"这个文化意象，这个知音符号所传递的，是一种志存高远的生命境界。换句话说，锺子期真正听懂的，不是琴声，不是琴声唤起的山水形象，而是由山水形象进一步唤起的人生志向，他听懂的是心声。知音者，知其心志也。这才是知音文化的内涵。

这样的知音文化，需要一种与之匹配的意象来作为它的文化代码。这个文化意象，就是"高山流水"。为什么会选择"高山流水"，而不是"明月清风"，不是"杨柳芳草"，不是"晨钟暮鼓"呢？我想，原因是多方面的。第一，君子寄情于山水之间，相忘于江湖之上，远离俗世尘嚣，厌弃功名利禄，让自己的内心像山水一样宁静，本身就是一种超拔的人生境界。第二，巍巍乎的高山，峻极于天；汤汤乎的流水，横无际涯。这样的意象，最适合用来形容高远的人生志向。第三，中国文化一直就有"仁者乐山，智者乐水"的传统。智慧的人喜爱水，仁义的人喜爱山；智慧的人像水一样懂得变通，仁义的人像山一样保持宁静。因此，高山流水就是仁者、智者的典型意象。

很显然，无论从哪个角度看，"高山流水"终极指向的，一定不是某种纯客观的自然景象，而是基于人生追求的、具有强烈主观精神的心灵意象。

这样的意象选择，本身就是一种文化现象。所以，有文化的人一看到"高山流水"，马上就知道那是知音文化的符码，那是志向高远的表征。但是，能真正理解"高山流水"这一文化含义的，是少之又少。而像伯牙、锺子期那样的知音，更是微乎其微。所谓"花谢花飞花满天，红消香断有谁怜"的凄苦，谁懂？"天下虽大，知音难觅"的无奈，谁懂？"寂寂竟何待，朝朝空自归"的寂寞，谁懂？"黄金万两容易得，知心一个也难求"的孤独，谁懂？"欲将心事付瑶琴。知音少，弦断有谁听"的哀叹，谁懂？那么多的反问，那么多的凄苦、无奈、寂寞、孤独，不正是伯牙在失去锺子期之后的心态写照吗？

鲁迅先生一生中，深交的朋友很少很少，可以称之为知音的几乎没有。但是，有一个例外，那就是瞿秋白。瞿秋白写过一篇文章，叫《鲁迅的精神》。那么，他是怎么理解鲁迅精神的呢？第一，是最清醒的现实主义；第二，是"韧"的战斗；第三，是反自由主义；第四，是反虚伪的精神。鲁迅当然看过这篇文章，从他跟瞿秋白不算长、但非常深的交往中可以看出，对于这样的评论，鲁迅是引以为知己的。因为，在那个时代，真正理解鲁迅、懂得鲁迅的人，也是少之又少的。所以，瞿秋白就义之后，鲁迅先生就用清人何瓦琴的联句来悼念他。上联是"人生得一知己足矣"，下联是"斯世当以同怀视之"。简单地说，这一生，能够遇到你这样一个知己已经足够了；这辈子，我都把你当作同道之人来对待。大家看，这就是知音文化，它不仅仅属于两千多年前的伯牙和锺子期，也属于两千多年之后的鲁迅和瞿秋白。

知音文化的传承

其实，知音文化从诞生起就代代相传，绵延不绝。我们不妨从知音文化的源头开始梳理，看看这种文化是怎么一代一代传承下来的。最早记载伯牙和锺子期故事的，是战国初期的《列子·汤问》：

> 伯牙善鼓琴，锺子期善听。伯牙鼓琴，志在高山，锺子期曰："善哉，峨峨兮若泰山。"志在流水，锺子期曰："善哉，洋洋兮若江河。"伯牙所念，锺子期必得之。伯牙游于泰山之阴，卒逢暴雨，止于岩下，心悲，乃援琴而鼓之。初为霖雨之操，更造崩山之音。曲每奏，锺子期辄穷其趣。伯牙乃舍琴而叹曰："善哉善哉，子之听夫志，想象犹吾心也。吾于何逃声哉？"

最后一句，"吾于何逃声哉？"是个反问句，什么意思？就是无论我弹什么你都听得懂，这不是知音又是什么？这是最早的出典，时间是战国初期。然后就是我们今天读到的这个文本，战国末期《吕氏春秋》中的记载——"以为世无足复为鼓琴者"，再也找不出第二个人来值得我为他弹琴了，只有他真正理解我，正所谓"人生得一知己足矣"！

知音文化继续流传。汉朝的古诗十九首《西北有高楼》中这样写道："不惜歌者苦，但伤知音稀。"唱歌的人辛苦一点没什么，让我感伤的是能够听懂我歌声的人实在太少。

继续往下，东晋陶渊明的《咏贫士其一》也做这样的慨叹："知音苟不存，已矣何所悲？"假如没有知音，我悲什么？我悲都没有人理解，没有人懂啊！言下之意，如果没有知音，我连悲伤的资格都没有。

到了南北朝，鲍照在《月下登楼连句》中写道："漱玉延幽性，攀桂藉知音。"攀桂，这有点俗啊，我想拿功名也要有人懂我呀。

继续往下传，唐朝大诗人李白在《赠从弟宣州长史昭》中写道："知音不易得，抚剑增感慨。"像李白这样的人，"仰天大笑出门去，我辈岂是蓬蒿人"，看起来似乎很豁达、很洒脱，其实，他的内心也有渴求。渴求什么？当然是知音。

再往下，宋朝的欧阳修在《玉楼春》中写道："未知何处有知音，常为此情留此恨。"这个恨是遗憾，不知道知音在哪里，这可能是他人生最大的遗憾。

到了元朝，王冕在《客边其二》中写道："知音无处问，冷落七弦琴。"知音不在，弹琴给谁听呢？抒发的依旧是知音难觅的感慨。

继续传，到了明朝，朱妙端的《落梅》这样写道："可怜不遇知音赏，零落残香对野人。"没有知音来欣赏，梅花落了也是白落呀。

清朝的余鸿在《黄海杂兴》中写道："钟子难逢谁识我，高山流水慕知音。"直接就表达了对知音的渴慕之情。

近代秋瑾，鉴湖女侠，在自己的《剑歌》里写道："一匣深藏不露锋，知音落落世难逢。"在没有遇到知音之前，我的才华深藏不露。露了也是白露，谁来赏识我呢？

现代作家华而实为电影《知音》写过一首歌，歌名就叫《知音》，讲的是蔡锷和小凤仙的爱情故事。歌中这样写道："人生难得一知己，千古知音最难觅。"我觉得，这两句歌词可以囊括前面所有的人对知音的感慨。

这就是知音文化的传承文脉。从战国初的《列子》开始，到战国末的《吕氏春秋》，到汉乐府，到晋陶渊明，到南北朝鲍照，到唐朝李白，到宋朝欧阳修，到元代王冕，到明代，近代，现代……知音文脉有没有断过？没有。为什么没有断？因为，这是我们这个民族共同的精神追求，这是在中国文化滋养下形成的一种集体人格。

学者王辉、李军曾经说过："只有将个体置于历史、文化、民族、国家的整合当中，才有其价值，也才不会冷漠、孤独。"虽然每个人都在慨叹知音难觅，人生得一知己足矣。但是，正是在知音文化的熏陶中，我们才知道，中国人尊重知音、渴望知音、追求知音；我们才知道，跟我们有着同样感慨、同样追求的，一直有人在，代代有人在。于是，我们才不会因此感到真正孤独、真正冷漠、真正绝望。这就是一种文化自觉，这就是文化的力量！

附：

问世间，"琴"为何物

——《伯牙鼓琴》（两课时）教学设计

广东省东莞市莞城中心小学　彭才华

一、 教材内容

统编小学语文教科书六年级上册第 21 课。

二、 教学理念

课文《伯牙鼓琴》选自《吕氏春秋·本味》，讲述了春秋时期，俞伯牙与锺子期以琴相识，以琴相知，最后因子期亡故，伯牙破琴绝弦，终身不鼓的故事，表现了音乐艺术的魅力和朋友间的真挚情谊。

课文所在单元的人文主题是"艺术之美"，语文要素是"借助语言文字展开想象，体会艺术之美"。本课教学，遵循小学生学习文言文的规律，以诵读为本，以想象为翼，在适度拓展中切己体察，感悟文言文的语言魅力，体悟音乐的力量和友情的珍贵。

1. 诵读为本，读中有悟。书读百遍，其义自见。小学生学习文言文，不求一一对译，字字落实，句句确切，更不追求文言知识的掌握，而是要引导学生在反复的诵读中，逐步达成对课文的大体理解；至于一些相关的文言知识，则是在诵读过程中进行有机渗透。

讲解使人知道，朗读让人感觉到。本课设计了师生分别扮演伯牙和锺子期的角色对读，为的是让学生在与教师对读的过程中揣摩伯牙、子期二人一鼓一听的默契与和谐——读对了感觉，也就读懂了知音。

2. 生发想象，激发情感。文章讲述的故事极其久远，而语言又极其精简克制，这就要求我们引导学生借助语言生发想象，还原当时的场景，并由此产生内心的激荡。如子期对伯牙的琴声不仅能听懂，而且懂得快，懂得深，所以回答迅速又精准，这是知音的具体表现，需要在想象中还原情境；再如伯牙在子期死后的反应，也要引导学生在语言空白处依托教师的课堂叙事，产生积极的想象，从而体悟伯牙的内心世界。

3. 适度拓展，切己体察。除了想象之外，本课在适当的时候拓展了《荀子》《列子·汤问》《俞伯牙摔琴谢知音》等，这些材料极大地丰富了课文背景，使故事变得血肉丰满，伯牙的形象也更鲜明可感。

顾随先生说，一种学问，总要和人之生命、生活发生关系。结合本单元"艺术之美"的人文主题与当下很多孩子也在学习乐器的现实，课堂还引入了《诗经》以及阮籍、王维、陆游等人的诗句，希望学生在感受音乐可以传达情志的神奇之外，也感受乐教对于古人德行养成乃至社会教化的重要作用，进而"再次面对自己的乐器时，会有新的感觉"。

三、 教学目标

1. 核心目标：借助语言文字展开想象，感受艺术之美和知音文化，受到中华优秀传统文化的熏陶。

2. 条件目标：能正确、流利、有感情地朗读课文，背诵课文；在诵读过程中，有机渗透常用的文言文学习方法，增强文言语感；依托语言，展开想象，层层深入地感知"知音"的真正内涵，体会课文表达的情感。

四、 教学过程

（一） 伯牙与琴，琴为乐器

1. 猜猜"琴"字，聊聊"琴"事：说说你学了什么乐器，谈谈学习乐器的感受。

2. 揭示课题，朗读。

3. 借助资料，分别了解琴和伯牙。

4. 自由朗读课文，争取读出古雅的感觉。

5. 检查朗读，相机指导。

（1） 读好文言文的语气助词。

（2） 读准"少选""汤汤""巍巍"并理解意思。

（3） 引导发现文言文中常见的"承前省"现象，感悟语言之凝练。

（4）读好停顿。

6. 朗读全文。

（二）一鼓一听，琴亦心声

1. 锤子期是否能听懂伯牙的琴声？学生画出相关语句。

2. 以朗读的形式交流汇报，初步感悟"知音"内涵。

方鼓琴而志在太山，锤子期曰："善哉乎鼓琴，巍巍乎若太山。"

少选之间而志在流水，锤子期又曰："善哉乎鼓琴，汤汤乎若流水。"

（1）通过师生对读，检查是否能很快找到对应的句子。

（2）通过师生对读，检查是否能辨析老师强调的词语。

3. 拓展"伯牙所念，锤子期必得之"，加深对"知音"的理解。

4. 讨论：为什么课文只写了"太山""流水"？再次加深对"知音"的理解。

5. 师生对读。

6. 镂空原文部分词句，检查背诵。

（三）伯牙破琴，琴谢知音

1. 介绍故事背景：就这样，一个鼓琴一个听，一直到第二天天亮。琴技高超的伯牙啊，这么多年，没有任何一个人真正听懂过他的琴声。他压根也没想到，一个偶然的机会，一个打柴的樵夫，却能这样深深地懂他！这怎能不让他喜出望外！于是两人当下约定，第二年中秋，就在这老地方见面！然而，当第二年中秋到来，伯牙千里迢迢赶来赴约的时候，等待他的却是"锺子期死"（课件：音乐响起；配图"一抔黄土、一块墓碑"）！

2. 呈现：破琴绝弦，终身不复鼓。学生朗读。

3. 说说"破琴绝弦"的原因。

4. 呈现《警世通言·卷一·俞伯牙摔琴谢知音》中的诗句：

摔破瑶琴凤尾寒，子期不在对谁弹！

春风满面皆朋友，欲觅知音难上难。

5. 教师引读：欲觅知音难上难。

也许，有一天，伯牙的乡邻想听听伯牙弹琴，伯牙摇了摇头，冷冷地回答——

也许，有一天，伯牙的同僚想听听伯牙弹琴，伯牙摇了摇头，冷冷地回答——

也许，有一天，伯牙的上级想听听伯牙弹琴，伯牙仍然摇了摇头，仍然冷冷地回答——

（四）伯牙与琴，琴乃生命

1. 再说"琴"事。

（1）成语：琴棋书画。

（2）兴于诗，立于礼，成于乐。——《论语》

（3）礼乐者，人心也。——钱穆

2. 引入与琴相关的古诗文，学生朗读。

呦呦鹿鸣，食野之芩。我有嘉宾，鼓瑟鼓琴。——《诗经·小雅·鹿鸣》

夜中不能寐，起坐弹鸣琴。——魏晋·阮籍《咏怀八十二首（其一）》

独坐幽篁里，弹琴复长啸。——唐·王维《竹里馆》

种药为生业，弹琴悦性灵。——宋·陆游《山家》

3. 揭示：琴联系着伯牙的生命。

4. 生诵读全文。

5. 小结：破琴，为生命致敬；艺术，让生命更好。同学们，但愿当你下次面对自己的乐器时，会有新的感觉。

五、 板书设计

伯牙鼓琴

生命

伯牙鼓琴　心声　知音难觅

乐器

第七讲　潜入思维

——以《寓言二则》为例

　　统编小学语文文本解读与案例分析已经做过六讲，今天我们对"文本解读"这个策略系统做一次中途回顾和梳理。文本解读实际上是文本解读主体和文本解读对象的对话和理解过程。要实现文本解读主体对文本解读对象的理解，就需要选择合适、恰当的策略。文本解读最基本、最常用的策略就是分析矛盾，这个策略可以运用于任何文本的解读。在此基础之上，我们还讲到了把握结构的策略，知人论世的策略，观照语境的策略，同中辨异的策略，文化自觉的策略。这些策略，我们可以围绕着分析矛盾这个核心策略，根据不同文本的特点，有选择性地加以运用。简单地说，就是运用各种策略的有机组合来解读。

分析寓言的两对矛盾

　　这一讲要解读的文本，是统编小学语文教科书二年级下册第12课《寓言二则》——《亡羊补牢》和《揠苗助长》。这两则寓言，我们先运用分析矛盾的策略来解读。

第一则《亡羊补牢》，这则寓言故事中有一个词出现的频率特别高，这个词就是"窟窿"，前后一共出现了五次。"原来羊圈破了个窟窿"，"窟窿"第一次出现。"夜里狼从窟窿钻进去，把羊叼走了"，"窟窿"第二次出现。街坊邻居劝他"赶紧把羊圈修一修，堵上那个窟窿"，"窟窿"第三次出现。"第二天早上，他去放羊，发现羊又少了一只。原来狼又从窟窿钻进去，把羊叼走了"，"窟窿"第四次出现。最后，"他赶紧堵上那个窟窿，把羊圈修得结结实实的"，"窟窿"第五次出现。

这则寓言故事的矛盾是围绕"窟窿"展开的，有两对矛盾交织在一起。第一对矛盾，体现在对待"窟窿"的态度上，一开始"听之任之"，再后来"赶紧堵上"，这是矛盾的；第二对矛盾，体现在对待"窟窿"的不同态度造成的结果上，一开始"不断丢羊"，到后来"不再丢羊"，这也是矛盾的。当然，两对矛盾是交织在一起的。当这个人对"窟窿"听之任之无所谓的时候，结果是不断丢羊，我们甚至可以假设，如果他继续听之任之，羊还会继续丢下去，一直到丢光为止。当他最终听了邻居劝告，赶紧堵上窟窿的时候，羊就不再丢了。所以，"听之任之，不断丢羊"和"赶紧堵上，不再丢羊"，其实也是一对矛盾，是一对更完整的矛盾。矛盾的焦点就在"窟窿"上。你怎么对待这个"窟窿"，最后的结果是不一样的，寓意就在其中。

我们再来看看第二则寓言《揠苗助长》，这则寓言也有两对矛盾。第一对是浅层的矛盾，第二对是深层的矛盾。浅层的矛盾，就是动机和结果之间的矛盾。这个人的动机是希望"禾苗快长",有没有错?没错。好不好?非常好。结果呢,却是"禾苗枯死"。就是说,结果和动机完全相反,事与愿违。那么,我们就要去进一步分析了,造成这一对矛盾的原因是什么呢?这就涉及第二对矛盾,那就是"顺其自然"和"违背规律"之间的矛盾。顺其自然,禾苗就不会枯死;违背规律,禾苗就全部枯死。故事的寓意就藏在这里。通过矛盾分析,寓意已经被我们揭示出来。

揭示寓言的深层结构

寓言还有其特殊结构,我们来分析《寓言二则》的结构。所有的寓言其实都是由寓体和寓意组成的。寓体就是故事本身,看得见,摸得着,是显性的。寓意就是故事所要讲述的道理,有的寓言会直接把寓意揭示出来,比如《伊索寓言》当中的一些故事;但更多的寓言,寓意是隐藏的。无论揭示与否,寓意都是寓言的深层结构。解读寓言,最终就是要揭示它的深层结构。

《亡羊补牢》的结构,寓体就是故事本身:羊丢失了,接受了别人的劝告,修好羊圈,羊就不再丢失。寓意是:在受到损失之后,要马上想办法补救,免得以后再受到更大的损失。

《揠苗助长》的结构,寓体也是故事本身:有人为了使禾苗长得快一点,把它们往高里拔,结果禾苗都枯死了。寓意是:一旦违背事物的发展规律,急于求成,反而会把事情弄糟。通过把握结构,同样

128

也能抵达寓言这种文体的精髓之地。

我们这一讲要讲的是"潜入思维"文本解读策略。什么叫"潜入思维"？为什么要"潜入思维"？寓言这种文体反映出怎样的思维特征？如何遵循寓言思维来解读寓言故事呢？

关于语言与思维的关系，卡尔·马克思有一段经典论述，他说："思维是语言的内容，语言是思维的物质外壳。"就语言本身来说，它是物质外壳，其实没有任何意义，意义是人类的思维赋予的。而语言这个物质外壳里所装的内容，就是人类的思维。当然，这里讲的"思维"是广义的思维，包括人的精神、人的思想、人的意识。而我们今天要讲的"潜入思维"，主要是指狭义的思维，包括形式思维、逻辑思维、辩证思维。

下面，我们一起来分析寓言这种文体有着怎样的思维特征。我们不妨先把寓言所具有的思维特征称为"寓言思维"。

寓言思维特征一：主题先行

所谓主题先行，就是作者先想好一个道理，再根据这个道理去编故事。寓言不是为了讲故事，而是为了讲道理。为了讲道理，才要借助讲故事。所以，寓言一定是主题先行的。比如《亡羊补牢》这则寓言：一开始，羊少了，原因也找到了，那就去补吧，但是，他就是傻傻的不肯去补。如果一开始就补上，那作者想要讲的那个道理就出不来了。显然，主题先行这个特征是很明显的。故事就是要让他一开始受损失，而且，还要让他继续受损失，你看，他没有听邻居的劝告，羊又少了一只。受到了更大的损失，他才后悔了，才听邻居的劝告了，才赶紧把窟窿补上了，结果，羊再也没有丢。知道错了，及时改正，还来得及，这个道理是作者预先想好的。故事的逻辑就必须按照道理的逻辑来编。其实，这个故事是经不起推敲的。你想，一个窟窿补上了，难道就不会出现另一个窟窿？很有可能，狼又咬破羊圈，从另一个窟窿进来，把羊给叼走了呢。但故事不能这样编，因为这样编，事先设定的那个道理就没法讲了。这就是主题先行。

我们再来看第二则寓言《揠苗助长》。一开始，一定要先讲出那个人急于求成。你看，"巴望自己田里的禾苗长得快些"，很急。你看，"天天到田边去看"，很急。你看，"禾苗好像一点儿也没有长高"，怎么可能一点儿也没有长高？因为他很急。你看，"我得想个办法帮它们长"，还是很急。故事为什么要这么编，就是因为要讲那个道理，就是因为有个主题已经摆在故事之前了。然后呢，一定要讲他的做法是违背规律的，是违反常识的。你看，"把禾苗一棵一棵往高里拔"，傻不傻？你看，"从中午一直忙到太阳落山"，蠢不蠢？你看，"弄得筋疲力尽"，笨不笨？套用现在一句网络流行语：很傻很天真，又猛又持久。但是，故事必须这样讲，否则，事先设定的道理就没法讲了。最后的结果，一定是禾苗都枯死了。其实，这个结果是违反常识的，因为即便把禾苗往高里拔了，才不到一天时间，禾苗也不至于枯死，而且是全部枯死了，这是不可能的事儿。但是，故事必须这样讲。否则，你说第二天去看，禾苗都好好的。那还有什么道理可讲呢？所有的寓言都是主题先行的。

寓言思维特征二：寓意于象

寓言是怎么讲道理的呢？如果他是直接讲道理，它就变成议论了，那就不叫寓言，叫论文了。寓意于象，就是要用一个形象的东西，把这个道理讲出来，道理是藏在这个"象"里边的。

《亡羊补牢》这个故事本身就是一个"象"，叫"事象"。这个象有起因，有经过，有结果，是一个完整的、动态的象。当然，这个象里面还有很多具体的、细节的象。这些"象"在情节中呈现：为什么丢羊啊？因为有个窟窿，狼进来把羊叼走了。邻居劝他补一补，他一开始没听，结果又丢了羊，后来听了劝告，赶紧把窟窿堵上了，羊就不再丢了。这些"象"在环境中呈现：羊圈是一个环境，羊圈外有狼是一个环境，养羊人与左邻右舍又是一个环境，这些都是具体的象，这些象围绕着那个养羊人编织起来。这些"象"在人物中呈现：如果街坊邻居不出现，没有人劝告他，这个道理就说不清楚。一定要邻居劝了，他一开始不听，后来意识到了就马上改正。所有这些象，都是用来讲道理的。为了讲道理，寓言才需要编创这样一个完整的、具体的事象出来。

《揠苗助长》本身也是一个事象，也有起因、经过和结果，也是一个完整的、动态的象。当然，这个象需要各种细节的"象"来支撑、丰富。比如，这个人巴望禾苗长得快，"巴望"这个词就精准地写出了这个人急切的心理。"一天，两天，三天"，时间之间用逗号隔开，其实，也可以用顿号隔开。但是，逗号的心理时间比顿号长很多，这从反面衬托出这个人内心的焦急。这是心理之象。再比如，他在田边焦急地转来转去，自言自语："我得想个办法帮它们长。"回到家里，他一边喘气一边说："今天可把我累坏了，力气总算没白费，禾苗都长高了一大截。"这些话语，非常形象地写出了这个人的急于求成。这是语言之象。又比如，他"急忙跑到田里，把禾苗一棵一棵往高里拔"，注意啊，不是一棵棵往高里拔，而是一棵一棵往高里拔。第一，拔得很用心；第二，拔得很认真；第三，拔得一丝不苟。但是我们都知道，拔得越用心，结果越糟心；拔得越认真，结果越糟糕；拔得越是一丝不苟，结果越是一无所成。这是动作之象。寓言不会直接跟你讲道理，一定是寓意于象，用一个完整具体的事象把道理讲出来。

寓言思维特征三：刻意夸张

我们都知道，真实生活中不可能有这样的事，不可能有这样的人。寓言故事中的人物、情节、细节，其实都是被作者刻意夸张了的。《亡羊补牢》这个故事中，就有违背常理的各种夸张。比如，"羊已经丢了，还修羊圈干什么？"怎么会有这样的想法？按常理，羊丢了，心疼死了，原因也找到了，一定就会马上去修羊圈。说得难听一点，这是七岁小孩都懂的道理，更何况是一个成年人呢？羊是他的重要财产，他怎么可能有这样的想法呢？很显然，这样的傻瓜想法是作者刻意夸张出来的。但是，必得有这种夸张的想法，这个道理才能够讲出来，讲清楚。通过夸张人物的想法、做法，来放大这个故事说理的力量。

那么《揠苗助长》这个寓言故事又夸张了什么呢？首先是夸张动机。这个人巴望着禾苗快快长高，长得越快越好。一个长期种地的农民，怎么可能会有这样的想法呢？他又不是第一次种禾苗，以前种禾苗怎么没有这样的想法？突然就冒出这样的想法，不合常理啊！其次是夸张做法。把禾苗一棵一棵往高里拔，傻子啊，只有傻子才会这样做，正常人都知道这样做是愚不可及的。最后是夸张结果。他儿子不明白是怎么回事，第二天跑到田里一看，禾苗都枯死了。其实这种结果是夸张的，禾苗拔高一点，第二天禾苗就枯死了，这是不可能的。这个结果是违背常理的。但是，为了制造表达效果，就刻意夸张这个结果。因为寓言之意不在事，在所讲之理也。

寓言思维特征四：象大于意

就是说，寓言本身的故事形象要大于所讲的道理。寓言故事相对于寓意来说，不是证明和被证明的一一对应关系，同一个寓言可以负载不同的寓意。比如说《亡羊补牢》这个故事，出典是《战国策·楚策四·庄辛谓楚襄王》。讲的是庄辛和楚襄王之间的故事。楚襄王做了国王以后，骄奢淫逸，任用奸臣，结果国力衰退，国土被他国夺走，土地面积缩小。那时候，大臣庄辛就曾劝谏楚襄王，但楚襄王没听，甚至把庄辛赶走了。后来，楚襄王又把庄辛请回来，重新问计于庄辛。于是就有了这个寓言故事。庄辛至，襄王曰："寡人不能用先生之言，今事至于此，为之奈何？"简单地说，就是早知今日，何必当初？当初要是听了你的话，就不会有现在这个损失。这时，庄辛就劝慰楚襄王，也是勉励楚襄王，他说："臣闻鄙语曰：'见兔而顾犬，未为晚也；亡羊而补牢，未为迟也。'"野兔出来了，把猎犬放出去，还不算晚；羊丢了，赶紧把窟窿补上，也不算迟。就是说，出了问题赶紧去补救，还来得及。"臣闻昔汤、武以百里昌"，商朝的汤王，周朝的武王，他们起家的时候土地面积不过百里，后来却拥有了整个天下。"桀、纣以天下亡"，夏朝的桀王，商朝的纣王，他们在位的时候拥有整个天下，最后却彻底灭亡，一寸土地都没了。"今楚国虽小，绝长续短，犹以数千里，岂特百里哉？"现在我们楚国虽然不算大，但是截取长的，补充短的，合在一起也还有方圆数千里的国土面积，岂是百里能够相提并论的？言下之意，即便楚国的国土被敌国侵占了一部分，毕竟还有方圆数千里，跟当初汤王、武王以百里起家打天下相比，基础要好多了。只要及时改正错误，还来得及。其实，这则寓言是一种政治劝谏，劝楚襄王只要赶紧修改国策，还来得及。所以，从出典上看，这则寓言是一个政治劝谏，跟我们现在对寓意的理解是有差异的。

再比如《揠苗助长》这个故事。这则寓言出自《孟子·公孙丑上》第二章。原文是这样的：

> 我故曰："告子未尝知义"，以其外之也。必有事焉而勿正，心勿忘，勿助长也。无若宋人然。宋人有闵其苗之不长而揠之者，芒芒然归，谓其人曰："今日病矣！予助苗长矣！"其子趋而往视之，苗则槁矣。

孟子在这里要讲的是"义"。总的意思是，"义"这个东西是不能外求的，只能靠自己内心慢慢蓄养。所以他说告子这个人根本不懂义，因为告子把义看成心外之物。孟子认为，要不断培养义，心中不能忘记，但也不能一厢情愿地帮助义生长。以为今天做一点好事，"义"就多了一点；明天再做一点好事，"义"就又多了一点。这个不是"义"，这个是功利。"义"是要在内心深处自然而然生长起来的，不能外求，不能助长。助长的"义"是"假义"，是"小义"，不是"大义"，不是"正义"。于是，孟子就讲了《揠苗助长》这个寓言故事，来进一步说明那种外在的助长的"义"不是真正的"义"。这就是《揠苗助长》的出典。很多寓言故事的寓意，跟他原来的出典是有区别的。《揠苗助长》的本意，是讲"义"的修养，不能助长它，要在内心记住它、察觉它。这是一种修养的功夫。到了现在，寓意已经改变了，讲的是如果急于求成，违背规律做事情，就会欲速则不达。

既然寓言思维有这样一些特征，寓言的寓体和寓意之间并不完全是一一对应关系，我们就来做一个寓言新编的游戏，通过寓言新编，进一步加深对寓言思维的体会和理解。

《龟兔赛跑》这个寓言故事，出自古希腊的《伊索寓言》。大家都应该知道这个故事：一只兔子，因为骄傲轻敌，最后输给了乌龟。这是《龟兔赛跑》的原始版本。我们现在根据寓言的思维特征，通过改变关键情节，来改变寓言的寓意。大家看这张表格：

编号	关键情节	结果	寓意
1		乌龟赢	方向决定成败
2		乌龟赢	核心竞争力决定成败
3		乌龟赢	智慧决定成败
4		乌龟赢	创新决定成败
5		乌龟赢	规则决定成败

我们设定的条件，最后都是乌龟赢。老师们可以根据自己的经验，发挥自己的想象力，来创编一则《新龟兔赛跑》。

有人就编了这样一则《新龟兔赛跑》：

兔子与乌龟赛跑，输了以后总结经验教训，提出跟乌龟重赛一次。赛跑开始后，乌龟按规定线路拼命往前爬，心想：这次我输定了。可到了终点，却不见兔子的影子。正在纳闷时，只见兔子气喘吁吁地跑了过来，乌龟问道："兔兄，难道又睡觉了？"兔子叹道："睡觉倒没有，可惜跑错了路。"原来兔子求胜心切，一路埋头狂奔，恨不得三步两步就蹿到终点。估计快到终点时，他抬头一看，发觉自己竟跑在另一条路上。

路跑错了，这是关键情节；方向决定成败，这是新编寓言的寓意。在竞争道路上，你的实力再强，条件再好，一旦方向错了，就会全盘皆输。这则《龟兔赛跑》的新编寓言，让我们想到《南辕北辙》这则寓言故事。方向错了，你的马儿跑得再快，你带的盘缠再多，你车夫的驾驶技术再高，也只有一种结果：离楚国越远。

最后，我们用严文井先生的一段话来概括一下寓言思维，他说："寓言是一个魔袋，袋子很小，却能从里面取出很多东西来，甚至能取出比袋子大得多的东西。寓言是一个怪物，当他朝你走过来的时候，分明是一个故事，生动活泼；而当它转身要走开的时候，却突然变成了一个哲理，严肃认真。寓言是一座奇特的桥梁，通过它，可以从复杂走向简单，又可以从单纯走向丰富。在这座桥梁上来回走几遍，我们既看到五光十色的生活现象，又发现了生活的内在意义。寓言是一把钥匙，这把钥匙可以打开心灵之门，启发智慧，让思想活跃。"

总之，按照寓言思维的特征去解读寓言，有助于我们更好地把握故事的特点和内涵。那么，我们有理由相信，不同文体的不同文本，背后都有不同的思维方式与特征。通过潜入文本的内部思维，必将有助于我们更好地解读文本的内容和形式。

附：

小故事　大道理
——《寓言二则·亡羊补牢》教学设计

浙江省嘉兴市实验小学　陈朱磊

一、　教材内容

统编小学语文教科书二年级下册第 12 课。

二、　教学理念

《亡羊补牢》是一篇寓言，改编自《战国策·楚策四》中的一句话："亡羊而补牢，未为迟也。"故事讲述了养羊人在经历两次丢羊之后，终于认识到自己的错误，将"破了个窟窿"的羊圈补好的故事，生动形象、深入浅出地向学生传递了"一个人做错了事，只要能虚心听取他人的意见，并认真改正，到任何时候都不算晚"这一道理。

本册书教学的核心任务是帮助孩子夯实识字基础，增强阅读兴趣，逐步培养良好的阅读习惯。本课所在单元的学习重点是"根据课文内容，谈谈简单看法"。能对文本内容进行意义重构，有自己的认识，是一个人阅读素养的基本体现，也是读者能从文本中获得熏陶和启迪的基本保证。这是对二年级上册"读课文，能说出自己的感受和想

138

法"的延伸和发展，体现了语文能力训练的梯度发展。

本课教学以"在学讲故事中感悟"为任务驱动，采用"解读文本——品味语言，想象表演；丰富文本——小组讲述，理解体悟"的导学路径，帮助学生读懂寓言的内容与寓意，并让学生尝试复述故事，由此提高学生的语用能力。

三、 教学目标

1. 核心目标：认识"寓""则""亡""牢"等 10 个生字，会写"亡""牢" 2 个生字；通过学习、讲述寓言故事，体会到"亡羊补牢，为时不晚"的寓意。

2. 条件目标：能借助图片、关键字学习复述故事；能了解故事的一般发展过程；借助角色扮演与重点语句品读，想象两次丢羊前后，养羊人的心理变化，感受他从无所谓到后悔，最后听取邻居劝告设法弥补的转变。

四、 教学过程

（一） 整体感知"寓言"

1. 看图说故事。我们来看看几张图，猜一猜是什么故事。出示寓言故事图片（坐井观天 画蛇添足 掩耳盗铃），学生看图猜故事。

2. 揭示"寓言"的含义。我们看到的这些故事都很短小，但是都能告诉我们一个做人做事的大道理，像这些蕴含着大道理的小故事，我们就把它叫作"寓言"。

（二）揭题引入寓言

1. 出示课题，讲解"二则"的意思。

2. 书写并讲解"亡羊补牢"四字题目。

（1）展示"亡"的小篆匕，利用古汉字字形，理解"亡"的意思。

（2）掌握"牢"的字义。"牢"这个字就是牛或羊等牲畜被圈养起来的地方，你能从文中找出一个也表示这个意思的词语吗？（羊圈）。

（3）引导学生利用连词成句的方法，用自己的话表述课题的意思。

（4）再读课题，质疑：养羊人为什么要"补牢"，养羊人"怎么补牢"，"补牢"的结果又是什么？相机板书。

（三）初读课文，学习生字词

1. 自读课文，了解故事内容。

2. 学习生字词。

    叼走　劝告　后悔

    街坊　窟窿　结结实实

认读好"坊""窟""结""实"四个轻声字。

（四）精读"补牢"的原因

聚焦第一个问题：养羊人为什么要"补牢"？

1. 试讲第一次丢羊的经过。

（1）羊好好的，怎么会丢了呢？请一位同学读第一次丢羊的经过，找到原因。（羊圈破了一个窟窿，狼把羊叼走了。）

（2）展开合理想象：如果你是街坊，在看到羊圈破了个窟窿之后会有怎样的反应？

（3）文中的街坊又是怎么劝说的？（街坊劝他说："赶紧把羊圈修一修，堵上那个窟窿吧！"）

（4）指导读好街坊的话。这个街坊在干什么？（板书：劝）谁来当当街坊，劝一劝养羊人？

追问：你是怀着怎样的心情去劝说养羊人的？

思考：从哪个词看出来他着急？（赶紧）换词体会。

结合图片，联系图中街坊的表情、动作，思考：街坊还会怎样去劝说养羊人？再读好文中街坊的劝说。

（5）结合图片及文本，体会养羊人的表现。

找到养羊人的表现。出示图片及句子。（他说："羊已经丢了，还修羊圈干什么呢？"）

理解养羊人"羊都丢了，羊圈不用补了"的意思。他想表达这个意思，却用了一个反问句，这样的表达，表现了养羊人对丢羊这件事完全无所谓的态度。反问句使语气表达更强烈。读好反问句。

（6）演一演街坊和养羊人的对话。读出反差：养羊人的不在乎和街坊的着急。

2. 了解第二次丢羊的经过。

（1）引读：就因为养羊人不听劝告，所以，第二天早上——（出示第四自然段）

（2）这两次丢羊，就是养羊人补牢的原因。连起来说一说这两次丢羊的经过。

（五）体会养羊人的心理变化

1. 找变化。经过两次丢羊，养羊人现在的心情是怎样的？这时，他又是怎么想的，之后又是怎么去补牢的呢？请自由读读第五自然段，圈出表示他心情的词语，用横线画出有关他怎么想、怎么做的句子。

2. 交流养羊人的想法。根据学生的回答，出示句子：他很后悔没有听街坊的劝告，心想，现在修还不晚。

3. 交流养羊人的行为，比较句子。

他堵上那个窟窿，把羊圈修得结结实实的。

他赶紧堵上那个窟窿，把羊圈修得结结实实的。

这两句有什么不同？加了"赶紧"好在哪儿？

4. 齐读，读出第二次丢羊后，养羊人后悔的表现。

142

5. 展开合理想象：养羊人在修补羊圈时，街坊刚巧路过，街坊又会怎么说?

6. 揭示寓意。虽然养羊人第一次丢羊后没听劝，但是第二次丢羊后养羊人就补好了窟窿，还不算晚，这就叫作"亡羊补牢，为时不晚"。（板书：亡羊补牢　为时不晚）

7. 联系生活，在具体事例中体会寓意。

（六）故事讲演展示

1. 小组合作讲故事。四幅图，组员一人讲一幅图，连起来合作说一说这个故事。（小贴士：注意讲出养羊人和街坊的语气，加入表情和动作，会让你的故事更加吸引人。）

2. 小组展示。

（七）指导写字

1. 学生观察"劝""钻"，教师引导学生注意"左窄右宽"的规律。

（1）劝："又"写得矮小，"力"要写得瘦长，注意右边的撇要到竖中线的左边去"串串门"。

（2）钻：左窄右宽，上下齐整。

劝 钻

2. 学生书写，教师巡视指导。

3. 书写展示，互评，修改。

（八）总结与阅读推荐

1. 总结。《亡羊补牢》这一个故事告诉我们，出了问题以后想办法补救，可以及时止住损失。故事很短小，道理却很深刻，古今中外还有许多像这样的"小故事，大道理"的寓言故事。

2. 拓展。除了二年级上册学过的中国古代寓言《坐井观天》，世界著名的寓言故事集还有古希腊的《伊索寓言》、法国的《拉封丹寓言》、德国的《莱辛寓言》和俄国的《克雷洛夫寓言》等，我们可以找来读一读，并和大家进行分享。

五、 板书设计

亡羊补牢　为时不晚

为什么补	少了一只羊	又少了一只羊
怎么补	后悔　堵　修	
结果	羊再也没丢过	

第八讲　擦亮语言

——以《雪地里的小画家》为例

今天要解读的文本是统编小学语文教科书一年级上册第12课《雪地里的小画家》，作者是程宏明先生。

说到程先生，我跟他之间还有一段特殊的缘分。这缘分源于当时我写的一篇文章，文章中，我从语文意识的角度对当时人教版的小学语文教材做了一些解读，其中就有《雪地里的小画家》。我解读了这首儿歌的文本秘妙，分析了这首儿歌的艺术特色。这篇文章发表在当时的《小学语文教师》上。程宏明先生看到了，就给我来信，手写的，长长的三页纸。在信中，他说读到我写的解读文章很兴奋，很激动，觉得找到了知音。后来，我邀请他到学校来给老师做了一场关于"儿童文学的创作和教学"的专题讲座。

讲座结束以后，程宏明先生跟我探讨了一个很有意思的话题。他说，在香港的一次儿童文学研讨会上，香港的几位同行向他提了一个建议，说他创作的这首《雪地里的小画家》，香港也有很多老师和孩子特别喜欢，但他们觉得最后的那句"青蛙为什么没参加？他在洞里睡着啦"，可以把"青蛙"换成"小熊"："小熊为什么没参加？他在

145

洞里睡着啦。"为此，他们还罗列了不少理由来支持这样的修改。程先生当时有点把握不定，就征求我的意见。好，我就先卖这么一个关子，后面我们再来讨论这个问题。

现在，我们回到这首儿歌。在第二讲，我讲到文本解读的一个重要策略——把握结构。我们知道，对任何一个文本的解读，都是不能离开结构把握的。我们先从结构的角度来解读这个文本：

下雪啦，下雪啦！
雪地里来了一群小画家。
小鸡画竹叶，小狗画梅花，
小鸭画枫叶，小马画月牙。
不用颜料不用笔，
几步就成一幅画。
青蛙为什么没参加？
他在洞里睡着啦。

通读整首儿歌，我们发现，它可以分解成相对独立的两个部分。第一个部分，从"下雪啦，下雪啦"开始，到"几步就成一幅画"结束。这个部分是什么结构呢？敏感的老师马上就能发现，这是一个典型的总分总结构。你看，"下雪啦，下雪啦！雪地里来了一群小画家"，这是总起；"小鸡画竹叶，小狗画梅花，小鸭画枫叶，小马画月牙"，这是分述；"不用颜料不用笔，几步就成一幅画"，这是总结。

146

第二个部分，就是最后两句："青蛙为什么没参加？他在洞里睡着啦。"前一句是设问，后一句是答问，这是一种自问自答的问答结构。

整首儿歌，分成两个部分，第一部分是总分总结构，第二部分是问答结构。但是，我们要讲的是整首儿歌的结构，不是其中某个部分的结构。那么，整首儿歌是什么结构呢？

其实，整首儿歌的结构就是两个部分之间的关系。那么，是一种什么样的关系呢？我觉得，这两个部分形成一种对比关系，它们就像是矛盾的双方，既对立又统一。我们具体展开来说：

第一对矛盾，是多与少之间的矛盾。前面部分，是"一群小画家"，有小鸡、小狗、小鸭、小马，"一群"，这是多。后面部分，只有一只青蛙。一个多，一个少，形成矛盾。

第二对矛盾，是内与外之间的矛盾。前面部分，活动地点是在雪地里，在户外；后面部分，活动地点是在洞里，在里面。一个外，一个内，形成矛盾。

第三对矛盾，是睡与醒之间的矛盾。前面部分，小鸡、小狗、小鸭、小马在雪地里玩耍，当然是醒着的，玩得很开心，现场很热闹。后面部分，"青蛙为什么没参加？他在洞里睡着了"。他为什么会睡着，而且一睡就是一个冬天？因为青蛙是冬眠动物，这里渗透了一点科学常识。一个醒，一个睡，形成矛盾。

这三对矛盾是外显的，比较容易分辨。我们一步一步地推进，再做深入分析，看看还有没有更深层次的矛盾。

第四对矛盾，是动与静之间的矛盾。前面部分，大家都在玩，当然就是动的，激动，灵动；后面部分，青蛙一直在睡觉，当然是静的，安静，平静。一个动，一个静，形成矛盾。

第五对矛盾，是虚与实之间的矛盾。前面部分，雪地里来了一群小画家，他们在干什么，用什么画，画了什么，这些都是看得见、听得到、摸得着的，这是实写。后面部分，"青蛙为什么没参加？他在洞里睡着了"。有人看见吗？好像没有。那是一种猜想，一种估计，这是虚写。一个实，一个虚，形成矛盾。

第六对矛盾，是疏与密之间的矛盾。前面部分，出现密集的意象：小鸡、小狗、小鸭、小马，这是密集的意象；他们画的作品，竹叶、梅花、枫叶、月牙，也是密集的意象。后面部分，只有一个意象，睡觉的青蛙，这就显得非常疏朗。所谓密不透风，疏可走马。一个密，一个疏，形成矛盾。

这样的矛盾对比，形成一种审美张力，使这首儿歌有了某种特殊的节奏，形成了很好的艺术感染力。读起来，会觉得特别有意思，特别有味道。

当然，我们今天要讲的不是把握结构，而是擦亮语言。什么是擦亮语言？为什么要擦亮语言？我们应该怎样去擦亮语言？

关于这个策略，我想先引用大文豪歌德的一句名言："内容人人看得见，含义只有有心人得之，而形式对于大多数人是一个秘密。"根据歌德的阐述，文本解读可以分成三个层次：内容、含义以及形式。

第一个层次是内容。内容是最显性的层次，因为人人看得见，专业读者看得见，普通读者也看得见，凡是识字的都看得见。所以内容这个层次，我们不需要花太多的时间、精力去做解读。文本解读从本质上来说是要去发现文本的精髓之地，而精髓之地往往是隐蔽的、暗藏的。

第二个层次是含义。"只有有心人得之"，那就有了某种遮蔽，解读的时候，可能会有各种障碍。这就需要我们语文老师练就一双火眼金睛，去看见一般人看不见的文本意义。

第三个层次是形式。这是藏得最深的，用歌德的话来说，"形式对于大多数人是个秘密"，言下之意，在形式面前，大多数人都是睁眼瞎，眼睛睁着但是看不见。而作为语文老师，作为一个特殊的专业读者，我们应该练就这样的功夫：面对形式，我们要看到形式的秘妙，看到形式所蕴含的表达效果和价值，见人所未见，发人所未发。

形式，从整体上来说就是结构；从局部来说，最小的局部毫无疑问就是一个一个的文字，这是构成形式的要素。所以，我们今天讲"擦亮语言"，在某种程度上讲就是要细读文字。说到文字，有人可能会有一种误解，觉得文字只不过就是声音的记录，声音的符号，声音的物质载体，好像它从属于声音。我认为这样的见解失之偏颇，事实上，中国文字有它独立的地位，有它特殊的价值。《淮南子·本经训》中记载："昔者仓颉作书，而天雨粟，鬼夜哭。"相传，仓颉造字时出现了奇怪的现象："天雨粟，鬼夜哭"，天下了一场粟雨，鬼在晚上啼哭。仓颉作书，天为什么会下粟雨，鬼为什么会夜哭？那是因为"人生聪明识字始"，有了文字，人类的经验就可以被记载下来，就可以代代相传；因为文字，人类告别了蒙昧；因为文字，人类的智慧被显化出来。文字而后文章，文章而后文化，文化而后文明，这是开天辟地、惊天动地的大事，难怪"天雨粟，鬼夜哭"了。所以，文字的意义和价值，绝不是我们日常所理解的那样——不过是声音的记录而已。

我们今天讲"擦亮语言"，其实就是要细读、咀嚼、品味文本形式的最基本因素：一个一个的文字。现在，我们就运用"擦亮语言"的策略，来解读《雪地里的小画家》这个文本。

用"它"还是用"他"

第一处语言形式：为什么是"他"不是"它"？这首儿歌的最后一句："青蛙为什么没参加？他在洞里睡着了。"不知道有没有人注意到这个"他"字，这是人他，而不是物它。青蛙是动物，又不是人，怎么可以用人他去指代青蛙呢？有老师会说，这是作者的拟人手法。拟人手法，我们从一年级开始讲，一直讲到六年级还不够，在初中还要讲，一直讲到高中。大家往往一上来就贴一张标签：拟人。然后就万事大吉，不管不顾。却不知，正是这拟人的标签遮蔽了多少有意义的东西。

为什么是"他"不是"它"？这的确是儿歌的拟人美。但我们可以进一步思考，拟人美又意味着什么？拟人的背后承载着什么？我们都知道，《雪地里的小画家》是儿歌，儿歌的服务对象，毫无疑问是儿童。儿童的认知特征和思维方式是泛灵的，是诗性的。他们认为天地万物皆有灵，你用脚去踩小草，小草会疼；抬头仰望星空，星星一闪一闪的，他会觉得那是星星在眨眼睛，在向他说话，他总觉得星星在天空很孤单。总之，儿童会把自己的思想、意识、情感投射到天地万物之中，使万物皆有灵性、皆有灵魂，这就是儿童的思维方式，儿童的精神特质。正是对服务对象的自觉尊重和深刻理解，儿歌的创作才更多地会使用拟人的手法。所以，在作者眼中，准确地说，在作者认为的儿童眼中，青蛙就是人，这是一种非常自觉的共情。我觉得，这体现了作家对他的服务对象的自觉尊重。我们千万不要小看人他和物它的区别，一字之差，反映出两种完全不同的角色意识，体现出两种完全不同的创作境界。

先画"竹叶"还是先画"梅花"

第二处语言形式：为什么不是"小狗画梅花，小鸡画竹叶"？这里写到"小鸡画竹叶，小狗画梅花"，如果把两者之间的顺序调换一下，变成"小狗画梅花，小鸡画竹叶"，行不行？读下来，你就会发现，不行。"啦""家""花""牙""画""加""啦"是韵脚，押的是同一个韵。我们知道，儿歌也是诗，诗就得押韵，这样读起来才会朗朗上口，听起来才会有一种特殊的韵味。如果把前后顺序一调换，韵脚被破坏，读到这里就会感觉很别扭，跟吃了苍蝇一样难受。

我们继续推敲，还会发现这首儿歌押的是"a"韵，这是一个响亮的韵脚。不同的韵脚渲染不同的情绪，表达不同的情感色彩。像这样的"a"韵，特别适合渲染活泼、快乐、灵动的情绪氛围。所以，我们读这种儿歌，感受到的正是那份天真的快乐，那份无瑕的灵动。朱光潜先生说："情感的最直接的表现是声音节奏，而文学意义反在其次。文学意义所不能表现的情调常可以用声音节奏表现出来。"因此，两者之间不能换，一换，儿歌的音韵之美就丧失了。

参差美还是整齐美

第三处语言形式：为什么不把整首儿歌改成七字一行？可不可以把整首儿歌全部改成七字一行？大家不妨对比着来读一读：

<table>
<tr><td>

下雪了，下雪了！
雪地来了小画家。
小鸡画的是竹叶，
小狗画的是梅花。
小鸭画的是枫叶，
小马画的是月牙。
不用颜料不用笔，
几步就成一幅画。
青蛙为啥没参加？
他在洞里睡着啦。

</td><td>

下雪了，下雪了！
雪地里来了一群小画家。
小鸡画竹叶，小狗画梅花，
小鸭画枫叶，小马画月牙。
不用颜料，不用笔，
几步就成一幅画。
青蛙为什么没参加？
他在洞里睡着啦。

</td></tr>
</table>

什么感觉？七字一行的儿歌，读起来像打快板，虽然合辙押韵，但是显得刻板、单调、机械。本来的儿歌，文字有长有短，有快有慢，长长短短，快快慢慢，营造出一种参差错落的节奏。这样的节奏，体现的是一种活泼、欢快和跳跃。它既暗合了儿童的身心特点，也吻合这首儿歌中"一群小画家"的性格特点。这样的文字节奏，这样的参差跳跃，跟"小画家"的形象，跟儿童的身体特点、运动特点，高度一致。形式不是空壳，不同的形式可以表达不同的意味，产生不同的艺术魅力。所以，我一再强调，形式是更高级的内容。

谁画"枫叶"，谁画"月牙"

第四处语言形式：为什么不是"小鸡画枫叶，小狗画月牙"？假如我们把它换成"小鸡画枫叶，小狗画月牙"，行不行？画家没变，作品没变，但是画家和作品之间的对应关系发生了变化。小鸡本来对应的是竹叶，小鸭本来对应的是枫叶，现在把它们的作品调换了，行吗？我们都知道不行，因为，它不合事实，违背逻辑。从遣词造句的角度看，儿歌本身的表达是一种准确、精准的表达，因为，小鸡的脚印就是竹叶形，小狗的脚印就是梅花形，小鸭的脚印就是枫叶形，小马的脚印就是月牙形。儿歌也好，诗也好，遵循逻辑，符合逻辑，是必备前提。一旦逻辑出了问题，再美的儿歌，再美的诗，也是假美、臭美。

换成"镰刀"可以吗

　　第五处语言形式：为什么小马画的是"月牙"而不是"镰刀"？顺着这些脚印的意象我们继续思考：这些"小画家"画的不同形状，我们也可以说是不同的意象，又蕴含着什么？我们就举一个例子来说，"小马画月牙"，他选择的是"月牙"，但是我们还原想象一下，其实"月牙"这种形状，还可以用"镰刀""香蕉""小船"来替代，从外形上看，它们都是相似的。那么，换成"镰刀""香蕉""小船"行吗？不行！因为这四种意象，是作者刻意选择，刻意锤炼出来的，它们具有古典的诗意之美，又有着丰厚的文化底蕴。

　　看到竹叶、竹子，我们的脑海里是不是会跳出郑板桥的诗句"千磨万击还坚劲，任尔东西南北风"，竹子、竹叶成了某种特殊人格的象征；看到梅花，我们是不是会想到王冕的诗句"不要人夸好颜色，只留清气满乾坤"，梅花成了一种高洁人格的象征；看到枫叶，我们是不是会想起杜牧的诗句"停车坐爱枫林晚，霜叶红于二月花"，对于让古人悲秋的景物，杜牧却在他的诗中写出了一番新意；看到月牙，我们是不是会想起白居易的诗句"可怜九月初三夜，露似珍珠月似弓"，多么宁静、多么美好的月夜。其实，看得见的意象是看不见的心境的写照，正所谓"一切景语皆情语"。所以，这四个脚印的意象放在一起，绝对不是随便选择的，他们是统一的，统一于古典的诗意，统一于文化的背景。如果把这四个意象排列组合，你还会发现一个有趣的现象，它们暗含着一种四季更迭、岁月流转的节奏。比如，青青竹叶，我们会想到夏季；梅花含苞怒放，我们会想到冬季；"霜叶红于二月花"，会令人想到秋季；弯弯的"月牙"，自然会令人想到晚上。白天晚上，春夏秋冬，四季更迭，岁月流转。快乐的日子，总是稍纵即逝；幸福的时光，我们要懂得珍惜。

说"小马"还是"老马"

第六处语言形式：为什么会有这么多"小字辈"？这首儿歌为什么会有这么多"小字辈"？"小画家""小鸡""小狗""小鸭""小马"，都带有"小"字。我们现在换一下试试：小鸡画竹叶，大狗画梅花，小鸭画枫叶，老马画月牙。行吗？不行。这又涉及儿歌的服务对象，儿歌的读者定位。因为是写给小朋友看的，所以，儿歌的童趣之美就在一个一个的"小字辈"中跳动着、闪耀着。千万不要小看这些"小"字，"小"字里面有大学问。

为什么要叫"小画家"

第七处语言形式：为什么是"小画家"而不是"小动物"？明明都是小动物，为什么一上来就说"雪地里来了一群小画家"？读者还以为真的来了一群小朋友。你当然可以说这是拟人，你也可以说这是一种隐喻。那么，它在隐喻什么？是不是可以有这样的理解：天地万物都是画家，都是创作者，他们以自己的身体、自己的生命参与了天地这一幅大画的创作。在雪地这个巨大的创作空间里，小鸡、小狗、小鸭、小马，他们用整个身体、整个生命在创作，正所谓"天地有大美"。这是最自然的画，也是最高境界的画。谁能说他们不是小画家呢？谁能说天地不是一幅大画呢？这种解读，已经上升到生命境界、哲学境界了。

最后两行多余吗

第八处语言形式：为什么不把儿歌的最后两行删除？把"青蛙为什么没参加？他在洞里睡着了"删去，行不行？前面那个相对独立的部分，几乎回答了跟"雪地里的小画家"有关的所有问题，什么时候画，在什么地方画，谁在画，用什么画，画什么，前面部分都回答了。也就是说，按照这首儿歌的题目，从开头写到"几步就成一幅画"，完全可以结束了。但是，如果说这首儿歌写到这儿就结束了，那它只能算是二流作品。正因为有了最后两句，它才成了一流作品。为什么这样说，我们来分析一下：

首先，"青蛙为什么没参加？他在洞里睡着啦"在一定程度上渗透了青蛙冬眠的科学常识，儿歌的知识美得到了体现。

其次，"青蛙为什么没参加？"这问题是谁提出的？联系整首儿歌的语境，当然是其中的一位小画家提出来的。也许是小鸡吧，画着画着，玩着玩着，突然想起来了，还有"青蛙"这位小伙伴没有来，他去哪里了？小马有点经验，就告诉小鸡：他在洞里睡着了，他要冬眠。这说明什么呢？说明小伙伴之间相互惦记。惦记人和被人惦记都是一种快乐、一种幸福。当这群小画家在雪地里画得开心的时候，享受着快乐的时候，他们还能想到别的伙伴，想跟别的伙伴分享快乐，正所谓"独乐乐不如众乐乐"，这是儿歌的人情之美。如果只有前面画画的快乐，那还是比较单纯的、直接的；而有了后面对小伙伴的惦记和牵挂，这份快乐就有了温暖的底色。

最后，我们分析过文本结构，分析过几对矛盾，一个"动"一个"静"，一个"虚"一个"实"，一个"疏"一个"密"，其实，这就是一种节奏，节奏是美的灵魂。如果删除了最后两句，一动到底，一实到底，一密到底，节奏没了，美的灵魂就丧失了。正所谓"文似看山不喜平"，作为文学"皇冠"，诗和儿歌更应该追求节奏。节奏高于生动，节奏高于形象，节奏是美的最高表现。

"青蛙""小熊"都行吧

第九处语言形式："青蛙"能不能改成"小熊"？现在回到开头我卖的那个关子：青蛙能不能是小熊？关于这个问题，可以分成两派："青蛙派"和"小熊派"。

"小熊派"当然拥护小熊，他们的理由是：第一，小熊也是冬眠动物，不影响知识的渗透；第二，小熊带有一个"小"字，跟前面的小鸡、小狗、小鸭、小马，高度匹配，都是"小字辈"。青蛙前面呢，再加个"小"不是不可以，但是读起来的节奏就会跳脱；关键是第三点，现在的儿童，生活在动漫年代，类似于《熊出没》这样的动画片，很多孩子看过，孩子喜欢熊，也熟悉熊。很多孩子都有玩具，小熊也是他们熟悉的玩具形象之一，有一种熊叫泰迪熊，就很受孩子喜欢。言下之意，"小熊"更贴近现在儿童的生活经验。

"青蛙派"自然拥护青蛙，他们的理由是：青蛙是益虫，是庄稼的保护神。民以食为天，粮食安全乃是一国之本，从这个意义上来说，青蛙的地位似乎更高一些，所以，得把青蛙留下。而且，现在孩子学的小学教材中，青蛙这个形象也经常出现，《小蝌蚪找妈妈》《青蛙写诗》中都有青蛙，儿童也熟悉。

在这里，我不发表自己的观点和看法，我把这个权利交给听讲的各位老师，算是一个留白吧。

最后，我想用朱光潜先生的一段话来结束这一讲，他这样说：

从前我看文学作品，摄引注意力的是一般人所说的内容。如果它所写的思想或情境本身引人入胜，我便觉得它好，根本不很注意到它的语言文字如何。反正语文是过河的桥，过了河，桥的好坏就可不用管了。近年来我的习惯几已完全改过。一篇文学作品到了手，我第一步就留心它的语文，如果它在这方面有毛病，我对它的情感就冷淡了好些。我并非要求美丽的辞藻，存心装饰的文章甚至使我嫌恶；我所要求的是语文的精确妥帖。心里所要说的与手里所写出来的完全一致，不含糊，也不夸张，最适当的字句安排在最适当的位置。那一句话只有那一个说法，稍加增减更动，便不是那么一回事……这种精确妥帖的语文颇不是易事，它需要尖锐的敏感，极端的谨严和极艰苦的挣扎。一般人通常只是得过且过，到大致不差时便不再苛求。

一般人得过且过，对语文不再苛求。但是，语文老师不能做一般人，语文老师要做"超人"，要练就一双火眼金睛，用尖锐的敏感，极端的谨严，极艰苦的挣扎（挣扎就是琢磨，就是推敲），去擦亮语言，去擦亮每一个文字，真正做到叶圣陶老先生所讲的那样，"一字未宜忽，语语悟其神"。

附：

情理交融　妙趣横生

——《雪地里的小画家》（两课时）教学设计

浙江省桐乡市实验小学教育集团中山小学　李萍

一、　教材内容

统编小学语文教科书一年级上册第 12 课。

二、　教学理念

《雪地里的小画家》是一篇经典的老课文，把小鸡、小狗、小鸭和小马当作"小画家"，描写他们在雪地里画画的场景，是一首富有儿童情趣，又融汇了科普知识的童话诗。

诗歌语言优美，朗朗上口，气韵生动，富有想象，描写的又是冬天下雪的场景，深受低年级孩子的喜爱。苏霍姆林斯基说："儿童是用色彩、形象、声音来思维的。"本课的教学重在创设童话诗的情境，让儿童在充满趣味的学习活动中认字、朗读、想象、积累语言。

1. 创设童话情境集中认字。课文中要认的生字有"群""竹"等10 个，为了不打破童话诗优美的意境，所以采用集中突破的方法。同时，一年级下学期的学生也已经具备一定的识字能力。通过创设下雪了的童话情境，让雪花带出生字，先让同桌合作认字，再由教师点拨，让识字教学更高效。

2. 紧扣题眼感知课文大意。课文题目是"雪地里的小画家"，那么小画家是谁？他们到底画了什么？这是课后的第二个思考题，也是学生最想知道的答案。给予学生时间让他们自己去探究，并借助课题用不同的句式来表述，学生既感知了内容又习得了语言。

3. 多元对话突破教学难点。学生虽然熟知"竹叶""梅花""枫叶""月牙"这些自然物，但对它们与动物脚印之间的联系似乎还不太清楚，也很少有人知道青蛙冬眠的特点。通过学生与文本，学生与老师，学生与课文角色之间的多元对话，帮助学生理解四种动物爪（蹄）子的不同形状和"竹叶""梅花""枫叶""月牙"之间的联系，突破教学重难点。

4. 情韵朗读丰厚语言积累。创设情境，让儿童走进那个雪白的童话世界，化身为诗歌中的小动物，在情境中朗读，读出情趣，读出韵味，做到情趣与理趣交融，语言与思维共舞。让学生在习得语言的同时，获得思维的启迪和美好情感的熏陶。

三、 教学目标

1. 核心目标：运用多种方法认识生字，知道雪地里来了哪些小画家，他们画了什么。能有感情地朗读课文，背诵课文。

2. 条件目标：运用反复见面、了解字源、扩词等方法认识"群""竹"等 10 个生字，读准多音字"着"的字音。激发学生自主识字的意识和兴趣。正确书写"竹""牙""马""用""几"5个生字，会写"横折弯钩"的笔画；在情境中正确、流利地朗读课文，认识感叹号，读好感叹句和疑问句。感受"小画家"雪地作画的快乐之情；结合插图，知道小鸡、小鸭、小狗、小马这四种动物爪（蹄）子的不同形状和青蛙冬眠的特点。

四、 教学过程

课前谈话：

出示《四季》课文，全班诵读，提问"你最喜欢哪个季节?"PPT播放雪景图片。

（一） 创设情境，集中识字

1. 导入情境。课件出示雪花飘落，创设下雪情境。小朋友们，你们看小雪花一片两片地落下来了，注意看哦，小雪花还带着生字宝宝呢!

2. 试读生字。学生尝试认读雪花带来的生字宝宝。（随雪花出示本课中的生字：竹、群、步、参、加、洞、为）

3. 合作认字。同桌合作交流自己认识的字。出示要求：

1. 👍　　2. 🤝　　3. 谢谢

小朋友们，请你们同桌两人互相读读生字，告诉他你记住了哪个字。如果有不会读的字，请你帮帮他，得到别人的帮助记得说谢谢哦！

4. 集体交流。小朋友们，你认识了哪个字？是怎么认识的？

［预设一］加、参

①联系生活，认识"加"字。师：小朋友在哪里见过"加"这个字？引导学生在数学书、加油站等地方识字，强调在生活中主动识字的意识。

②组词造句，认识"参"字。从"加"引出词语"参加"，说话训练：你参加过什么比赛？

［预设二］洞

扩词识"洞"。怎么记住洞？在地下的洞叫——地洞；在山中的洞叫——山洞；在树里的洞叫——树洞，小松鼠就生活在树洞里。

［预设三］群

通过造字规律认识"群"字。师：群，形声字，君表音，羊表意。表示很多羊聚集在一起，我们就说一群羊。比如教室里有很多人，我们就可以说一群人。

［预设四］步、竹

①出示古字，猜测生字。出示步和竹的古体字，猜一猜是什么字。

②探究字源，了解字义。你是怎么猜出来的？步：像一前一后两只脚，表示行走。竹：字形很像枝叶下垂的竹子。我们的汉字多有意思呀！有时候，我们根据字的形状就可以猜出它的意思呢！

5. 教师小结。小朋友，会用各种不同的方法自己认识生字，真了不起!

（二）导入新课，整体感知

1. 巧妙过渡。小雪花飘呀飘，飘呀飘，小朋友在下雪天最想干什么？

2. 朗读指导。出示句子：下雪啦，下雪啦！

①指名朗读。谁来向大家宣布这个好消息？引导学生带着高兴的、激动的心情朗读。

②认识感叹号。感受感叹号在句子中的作用。

3. 揭示课题。你们的呼喊声引来了一群小动物。（出示课题：雪地里的小画家）齐读课题。

4. 初读课文。下雪了，雪地里来了一群小画家。它们是谁？会画什么呢？

①自读课文。学生自由朗读全文，读准字音，读通句子。

②检测初读。师：雪地里来了哪些小动物？（板贴动物图片：小鸡、小狗、小鸭、小马）用"雪地里来了_____"句式连起来说。

③变换句式。雪地里的小画家有（   ）、（   ）、（   ），还有（   ）。

④板贴词卡。它们分别画了什么呢？（指名说并出示词卡：竹叶、梅花、枫叶、月牙）

164

（三）多元对话，玩中明理

1. 学习句子。出示：小鸡画竹叶，小狗画梅花，小鸭画枫叶，小马画月牙。

①了解事物。出示梅花图片，认识梅花。出示"月牙"图片——像这样弯弯的、两头尖尖的月亮就叫月牙。出示实物，认识枫叶。

②关注逗号。关注句子中的逗号，读好停顿。

③美读句子。教师范读，男女生比赛读、齐读。

2. 做课中操。小动物们在雪地里画画，你们是不是也想去画呢？跟着小动物去雪地里玩一玩吧！

小马嗒嗒跑得快，小马小马画什么？

小鸭嘎嘎摆一摆，小鸭小鸭画什么？

小鸡小鸡轻轻走，小鸡小鸡画什么？

小狗汪汪跳一跳，小狗小狗画什么？

随机采访：小鸡你好，你在雪地里画什么？那你能不能画枫叶？

3. 学习句子。出示：不用颜料不用笔，几步就成一幅画。

①理解句义。教师通过采访进入情境的学生，引导学生感知每种小动物只会画一种相应的图画，它们的画就是脚印。

②朗读句子。读出比较自豪的语气。加上动作读。

（四）情韵朗读，积累语言

1. 学习句子。出示：青蛙为什么没参加？他在洞里睡着了。

165

①师生问答，读好问句。师读：青蛙为什么没参加？生读：他在洞里睡着了。重点指导读好多音字"着"。

②想象问答，创编儿歌。出示：（　　　）为什么没参加？他在洞里睡着了。

如，一生问：小蛇为什么没参加？齐答：他在洞里睡着了。（乌龟、松鼠、狗熊……）

2. 情韵朗读，回归整体。

①师生合作读课文。

②配上音乐读课文。

③借助插图背课文。

（五）复习巩固，指导写字

1. 创设情境。这节课，雪花宝宝给我们带来了一场美丽的大雪，也让我们认识了很多生字，还记得它们吗？

2. 出示生字。多形式认读。

3. 指导书写。出示生字：竹、牙、马、用、几。重点指导写"几""竹"字。

4. 抓关键笔画，写好"几"字。出示生字"几"，引导读字，指导学生观察如何写端正。

①认识笔画。指导学生认识新笔画"横折弯钩"。

②出示 形象图，指导学生将"横折弯钩"写圆润写舒展。

（教师范写。）

③学生书写，教师巡视。写三遍，争取一个字比一个字好。

④教师点评，二度修改。

5. 观察比较，写好其他生字。

竹：引导学生观察，发现"竹"字前后两个部分相似，但最后一笔是竖钩。教师范写，然后指导学生书写。

五、 板书设计

雪地里的小画家

小鸡 （图）	竹叶
小狗 （图）	梅花
小鸭 （图）	枫叶
小马 （图）	月牙

第九讲　契合文体

——以《十六年前的回忆》为例

我们知道，结构跟文体有着密切关系，不同文体有着不同结构，而不同结构则彰显着文体的不同特征。因此，对结构的把握，确实有助于从整体上辨析不同文体的不同特征。

这一讲，我们要解读的文本是统编小学语文教科书六年级下册第11课《十六年前的回忆》。我们把结构和文体结合起来，看看这个文本可以怎么来解读。我们先看这个文本的第一自然段：

> 1927年4月28日，我永远忘不了那一天。那是父亲的被难日，离现在已经十六年了。

抓住第一自然段，往下读完全文，我们会发现整个文本采用了"倒叙"结构：第一自然段讲的是"十六年以后"，第二自然段至结尾讲的都是"十六年以前"。而"十六年以前"这个部分的叙述则是一种"顺叙"，讲的是李大钊从"被捕"到"就义"的整个过程。

整个事件是怎么叙述的？我们一起来看看。

从第二自然段"那年春天，父亲每天夜里回来得很晚"，到第七自然段"母亲只好不再说什么了"，这里讲的是李大钊"被捕前"的事情。当时的局势越来越严峻，越来越危险，可以说是"山雨欲来风满楼"。

从第八自然段"可怕的一天果然来了"，到第十八自然段"我们被关在女拘留所里"，这里讲的是"被捕时"的事情。李大钊被敌人抓走了，他的大女儿李星华，还有他的妻子和小女儿也都被抓起来了。

从第十九自然段"十几天过去了，我们始终没有看见父亲"，到第二十九自然段"想不到这竟是我们最后的一次见面"，这里讲的是"被审时"的事情。地点就在法庭上，这也是"我"见到父亲的最后一面。

从第三十自然段"28日黄昏，警察叫我们收拾行李出拘留所"，到文章的结尾"妈，昨天是4月28日"，这里讲的是"被害后"的事情。"我"和母亲从报上得知李大钊已经被害了，时间正是"我们"离开拘留所的时候。

很明显，整个文本采用了倒叙的结构。那么，作者为什么要选择"倒叙"这种结构呢？为什么不选择顺叙或插叙呢？我们带着问题，继续从结构和文体的角度来分析这个文本。

我们发现，这个文本还有一个显著特点：大量出现"照应"结构。比如文章第一自然段写"1927年4月28日，我永远忘不了那一天"，结尾那一段写"低声对母亲说：'妈，昨天是4月28日'"。我们知道这里运用了首尾照应，通过时间把它们联系在一起。

这样的照应，不仅出现在首尾，还大量出现在叙事过程当中，比如"父亲一向是慈祥的，从没有骂过我们，更没有打过我们"，这是写父亲平时的一贯神情。后来，在法庭上，我们跟父亲见了面，当时李大钊是什么神情呢？"看到了他那乱蓬蓬的长头发下面的平静而慈祥的脸"，这是写父亲非常时期的神情。前后都一样，都是"慈祥"的，这是一种神情照应。这种照应，不是简单的重复。因为虽然是同样的神情，但所处的环境、所面临的局势完全不同。第一次的"慈祥"，那是在平常；而第二次的"慈祥"，是在面临生死考验的时候，这就形成了一种对比、一种张力，需要我们深入品味。

我们继续看，"我蹲在旁边，看他把书和有字的纸片投到火炉里去"，当时李大钊正在烧书、烧文件，是什么原因他没说，"我"也不知道。"后来听母亲说，军阀张作霖要派人来检查。为了避免党组织被破坏，父亲只好把一些书籍和文件烧掉。"原来是为了避免党组织被破坏，要保护更多的党员，父亲才这么做。这也是一种照应，情节照应。前面写结果，后面写原因。

我们继续看，"工友阎振三一早上街买东西，直到夜里还不见回来。第二天，父亲才知道他被抓到警察厅里去了"，抓进去以后是死是活，究竟是什么下落，我们不知道。第十三自然段中写道："在军警中间，我发现了前几天被捕的工友阎振三。他的胳膊上拴着绳子，被一个肥胖的便衣侦探拉着。"这也是一种照应，人物照应。意味着什么呢？敌人连工友都不放过，何况是当事人李大钊。这种照应，说明了当时形势确实非常严峻。

我们继续看，"可怕的一天果然来了。4月6日的早晨，妹妹换上

170

了新夹衣，母亲带她到儿童娱乐场去散步了"，母亲和妹妹出去以后，父亲和"我"被抓了，那么母亲和妹妹的下落呢？"在高高的砖墙围起来的警察厅的院子里，我看见母亲和妹妹也都被带来了"，说明母亲和妹妹也被抓了。这又是一种人物照应。又在说明什么呢？凶狠、残暴的敌人，连李大钊的家人都没有放过。

我们继续看，"父亲瞅了瞅我们，没有说一句话"，后面又写"父亲说完了这段话，又望了望我们"，这也是一种照应，神情照应。一开始是"瞅了瞅"，很平静，很从容。后来跟"我们"告别的时候是"望了望"，这"望了望"的背后是什么？有没有潜台词在里面？这样的照应读起来很有意味。

我们继续看，"不许乱喊！法官拿起惊堂木重重地在桌子上拍了一下"，"不要多嘴！法官怒气冲冲的，又拿起他面前那块木板狠狠地拍了几下"，法官就这德行，就这模样。这也是一种照应，神情照应。敌人只会生气，只会拍惊堂木，只会骂人，典型的外强中干、色厉内荏。

总之，这个文本中出现了大量的照应结构，我们要想一想，这是为什么？

我们已经从文体和结构的角度，发现了这个文本的两大特点：一是倒叙；二是大量采用照应结构。为什么要选择这样的结构方式呢？

这就需要跟文体结合起来考虑了，所以，我们第九讲的文本解读策略就是——契合文体。

什么是文体？所谓文体，指的是独立成篇的文本体裁，是文本构成的规格或模式，是某种历史内容长期积淀的产物，反映了文本从内容到形式的整体特点。从这个定义看，文体本身具有相当的稳定性。文体的特征，是整体的特征，而不是局部的特征。文体既有内容上的整体特点，也有形式上的整体特点。

什么是文体意识？如果说文体是客观存在的，那么文体意识就是一种主观经验。所谓文体意识，指的是人们在文本写作和欣赏时，对不同文体模式的自觉理解、有意把握和独特感受。作为一个专业读者，解读文本时，文体意识必须是自觉的。

在统编小学语文教材中，出现的文体主要有九类：童话、寓言、故事、儿歌、古诗、儿童诗、叙事性作品、说明性文章、非连续性文本（根据 2011 年修订版《义务教育课程标准》的表述）。刚刚解读的《十六年前的回忆》显然属于叙事性作品。但叙事性作品是一个大类，小说、叙事散文、叙事性记叙文、通讯报道都属于叙事性作品。《十六年前的回忆》属于叙事性作品中的哪一类呢？它属于叙事散文中的回忆录。

我们可以把回忆录看成一种文体。那么，这种文体有什么特点呢？所谓回忆录，就是用叙述的方法，追记本人或他所熟悉的人物过去的生活经历和社会活动。回忆录可以侧重于记人，也可以侧重于叙事。前者要求用叙述和描写的方法对真人真事进行适当的艺术加工，比较接近于传记文学；后者则要求实事求是地记叙事实，带有历史文献的性质。我们从回忆录的定义出发，来分析一下回忆录的基本特征。大概涉及五个方面，具体见下表：

回忆录的基本特征

文体要素	具体要求
回忆对象	以人物为主或以事件为主
内容主体	亲见　亲闻　亲历
结构方式	以倒叙为主
语言风格	质朴　准确　严谨
表达效果	真实可信　完整客观

知道了回忆录的文体特征，那么，刚才分析的结构上的两大特点，就很容易理解了。第一，为什么采用倒叙结构？因为回忆录的叙事方式，大多采用倒叙结构。第二，为什么大量采用照应结构？因为回忆录的语言风格要求"质朴、准确、严谨"，照应结构的高频率出现，使文本叙事显得更加准确、更加严谨。所以，文体跟结构其实是密切相连、密不可分的。

下面，我们从内容主体、回忆对象、表达效果这三个方面，继续做文本解读。

内容主体

我们先来看内容主体——"三亲原则"：亲见、亲闻、亲历。这个"亲"，当然就是指本人、自己，也就是"我"的在场。这个"我"，当然就是指作者李星华。李星华是李大钊的长女，1927年与父母一起被捕，李大钊就义后，她辍学照顾生病的母亲和幼小的弟妹。1932年加入中国共产党，后与组织失去联系。1933年为父亲公葬奔走，5月料理母亲丧事，长期在艰难中生活。1937年中法大学经济系毕业。1940年赴延安。1945年重新入党。中华人民共和国成立后，从事教学和民间文学工作。在"文化大革命"中郁愤成疾，双目失明，1979年病故，安葬在乐亭故居。这是作者李星华的基本情况。

在《十六年前的回忆》这个文本中，大量出现"我"这个字眼儿。为什么大量出现"我"呢？因为"回忆录"要求写亲见、亲闻、亲历。

我们看，文章开头，"我永远忘不了那一天"，因为那是"我"亲身经历的，那是"我"亲身体验的。这么重大的事件，"我"怎么忘得了？

我们继续看，"我蹲在旁边，看他把书和有字的纸片投到火炉里去"，这是"我"亲见的；"我奇怪地问他：'爹，为什么要烧掉呢？怪可惜的。'""待了一会儿，父亲才回答：'不要了就烧掉。你小孩子家知道什么！'"这是"我"亲闻的；"我总爱向父亲问许多幼稚可笑的问题。他不论多忙，对我的问题总是很感兴趣，总是耐心地讲给我听。这一次不知道为什么，父亲竟这样含糊地回答我"，这是"我"亲历的。所有的叙述都在告诉我们，发生的这些事跟"我"有关，有的是"我"亲耳听到的，有的是"我"亲眼所见的，都是"我"的亲身经历。

我们继续看，"我坐在外间的长木椅上看报""我瞪着眼睛问父亲""我紧跟在他身后，走出院子""我的心剧烈地跳动起来""他们每人拿着一支手枪，枪口对着父亲和我""我发现了前几天被捕的工友阎振三"，"我"在叙事过程中大量出现，高频率出现，因为这些事、这些细节、这些场景，都是"我"亲见、亲闻、亲历的。

我们继续看，"我也被他们带走了""我看见母亲和妹妹也都被带来了""我看到了他那乱蓬蓬的长头发下面的平静而慈祥的脸""我忍不住喊出声来""接着他又指了一下我和妹妹""'是的，我是最大的。'我怕父亲说出哥哥来，就这样抢着说了。我不知道当时哪里来的机智和勇敢""我看到报上用头号字登着'李大钊等昨已执行绞刑'""她低声问我""我又哭了……低声对母亲说：'妈，昨天是4月28日'"。从文章开始到结束，前后一共出现25个"我"字，这是显性的"我"在场的证明。而隐性的"我"无处不在，无时不有。因为《十六年前的回忆》是回忆录，这一文体要求写亲见、亲闻、亲历。

回忆对象

我们再来看回忆对象。这个文本的回忆对象以人物为主，回忆的主角当然是李大钊。李大钊，字守常，河北乐亭人，中国共产主义的先驱，伟大的马克思主义者，杰出的无产阶级革命家，中国共产党的主要创始人之一。他不仅是我党早期卓越的领导人，而且是学识渊博、勇于开拓的著名学者，在中国共产主义运动和民族解放事业中占有崇高的历史地位。

《十六年前的回忆》对李大钊这个人物的回忆，主要是从两个方面展开的。第一个方面，是作为父亲的李大钊。作为父亲的李大钊有着怎样的性格特点呢？我们先来看这个细节回忆：

> 我奇怪地问他："爹，为什么要烧掉呢？怪可惜的。"
>
> 待了一会儿，父亲才回答："不要了就烧掉。你小孩子家知道什么！"
>
> 父亲一向是慈祥的，从没有骂过我们，更没有打过我们。我总爱向父亲问许多幼稚可笑的问题。他不论多忙，对我的问题总是很感兴趣，总是耐心地讲给我听。这一次不知道为什么，父亲竟这样含糊地回答我。

李大钊为什么这样含糊地回答"我"？这是因为，第一，烧掉的文件事关党的重大机密，当然不允许外人知道，这是严守党的纪律。第二，这样的重大机密，家人知道得越少越好。知道得越少，危险越小；知道得越多，危险越大。这是对家人的爱，对孩子的爱。你看，作为父亲的李大钊，爱得多么细腻。同时，李大钊平时是非常慈祥的，因为他"从没有骂过我们，更没有打过我们"，并且总是耐心地回答"我们"提出的问题。在"我"眼中，李大钊就是一个慈父的形象。

176

我们继续看，在法庭上的时候，"父亲立刻就会意了，接着说："她是我最大的孩子。我的妻子是个乡下人，我的孩子年纪都还小，她们什么也不懂，一切都跟她们没有关系。"父亲说完了这段话，又望了望我们"。"望了望"又是一个非常重要的细节回忆。从"望了望"可以看出，父亲对"我们"的爱是非常深沉的。"望了望"是有潜台词的："孩子，要保重。孩子，要活下去，要好好活下去。"千言万语，都包含在这个"望了望"的细节中，有对家人的不舍，有殷殷的祝福和期待，有面对大义与亲情的抉择时的沉重与决绝。总之，在"我"的回忆中，这是一位充满大爱的好父亲。

第二个方面，也是更重要的方面，就是作为革命者的李大钊。作为革命者的李大钊，在回忆中又是一种怎样的形象呢？我们也来看一些细节回忆：

一开始，父亲忙里忙外，他在为谁忙？为革命事业忙，这表明父亲献身革命。紧接着，"局势越来越严峻，父亲的工作也越来越紧张。他的朋友劝他离开北京"，他没有走，而且坚决不走。这表明父亲对党忠诚。在法庭上，"父亲瞅了瞅我们，没有说一句话。他的神情非常安定，非常沉着。他的心被一种伟大的力量占据着。这个力量就是他平日对我们讲的——他对于革命事业的信心"，这表明李大钊是一位信念坚定的共产主义战士。最后，李大钊英勇就义，他为了革命事业视死如归。总之，在"我"的回忆中，这是一位伟大的共产主义战士。

在李大钊身上，我们既看到了慈祥大爱的"父性"，又看到了信念坚定的"党性","父性"和"党性"在他身上高度统一，闪耀着伟大的人性光芒。

表达效果

最后，我们来看表达效果。我们从真实可信的角度来比较一处细节的叙述。在《十六年前的回忆》中，有这样一个细节叙述：在法庭上，"父亲瞅了瞅我们，没有说一句话。他的神情非常安定，非常沉着。他的心被一种伟大的力量占据着。这个力量就是他平日对我们讲的——他对于革命事业的信心"。这是"我"，李大钊的女儿，她当时能想到、能猜到的父亲这样安定、这样沉着的原因。

换一个文本，换一个作者，我们来看看同样的细节叙述：

> 大钊同志被捕后，在法庭上是他和夫人、孩子们见面的最后一次机会，大女儿星华喊了一声"爹"，便和母亲、妹妹哭成一团。孩子们已经十几天没见过父亲了，他们多想跟父亲说上几句知心话呀！然而，大钊只是看了看他们，一句话也没说。大钊同志心中所想的，是就义前的慷慨陈词："不能因为你们绞死了我，就绞死了共产主义！我们已经培养了很多同志，如同红花的种子，撒遍各地！我们深信，共产主义在世界、在中国，必然要得到光荣的胜利！"

这段细节叙述，节选自王炳尧发表在《人民日报》上的《李大钊和他的孩子们》一文。我们发现，文中也写到了法庭受审这个细节，但是在写法上跟李星华是有区别的。在李星华的回忆录中，她说父亲的心"被一种伟大的力量占据着"，写得比较简单。而在王炳尧的文字中，却写了一大段慷慨陈词的话。显然，从刻画一位伟大的共产主义战士来看，这段慷慨陈词更好一些。但是李星华为什么不写呢？因为那就不真实、不客观了。你想，一个十几岁的孩子，她怎么可能知道父亲心中所想的慷慨陈词呢？不写，是对客观真实的一种自觉遵守，这就是回忆录这种文体的基本特征。

施畸在《中国文体论》中指出："创作文章，如不论体类，其势犹无轨之火车，失缰之骏马，虽在天才，不免危殆。"创作文章，要遵循文体特征；同样的道理，阅读文章也要遵循文体特征。我一再强调：怎么写就怎么读，怎么读就怎么教。这是我们语文教学的一个重要法门。

卡勒在《结构主义诗学》中指出：文体提供了"指导读者同文本遭遇时的标准或期望"，把读者的阅读"纳入规划"，给它以可知形式，赋予它以语境和框架，减少复杂性，使读者按照文本原意来阅读。言下之意，按照文体特征来解读文本，有助于读者更加贴近文本的原意，更加高效地把握文本的整体语境。总之，遵循文体特征，往往使我们的阅读事半功倍、一举两得。

一切就像在昨天

——《十六年前的回忆》（第二课时）教学设计

闽江师范高等专科学校　何捷

一、 教材内容

统编小学语文教科书六年级下册第 11 课。

二、 教学理念

本文是回忆录，作者采用第一人称的叙述方式，回忆了父亲被害的全过程，内容真实可信，语言朴素自然，既具有文学价值，又具有很强的史料价值。文章展示了作为父亲的李大钊对家人的责任和作为革命者的李大钊忠于革命事业的伟大精神，面对敌人坚强不屈的高贵品质，同时也表达了作者对父亲的敬仰与深切的怀念。文章描写的虽然是十六年前的回忆，但一切细节是那么清晰，条理是那么通畅，仿佛事情就发生在昨天。

本案为统编小学语文六年级下册的第四单元第 11 课。本单元课文均为革命历史文化题材。单元学习目标为"阅读时，关注神态、言行的描写，体会人物品质""查阅相关资料，加深对课文的理解"。单元目标对文本教学提出了全新的要求，教师在教学设计与执教中，应努力回避对文本内容层面的浅层且耗时费力的教学，而着力于"借助文本，体会人物品质"这一能力的提升。同时，基于文体的独特性，本案教学时，可以将其当作学生学习"回忆录"这类特殊文体的样本，了解文体样式，探寻写作密码，开拓写作路径，为课后能够真实参与回忆录文体写作做准备。

此案所叙事件，处于特殊年代，这一"时间差"给学生的理解造成了一定的困难。因此，教学时应特别关注学情，鼓励事先预习、查找资料。课堂执行中，应让学生借助查阅的资料，深入文本的细节，了解一段特殊历史，认识历史伟人的革命情怀，受到精神与思想的洗礼。

三、 教学目标

1. 核心目标：紧扣回忆录文体的基本特征，关注人物的言行、神态和外貌描写，感受李大钊同志大无畏的革命英雄气概。

2. 条件目标：读读记记本课新词，能正确书写 14 个生字；能理解文章内容，在此基础上做到正确、流利、有感情地朗读课文；了解李大钊在被捕前后以及在法庭上与敌人做斗争的事迹，从中受到教育。

四、 教学过程

（一）漫谈回忆

1. 回忆中国共产党的创建者。

（1）让我们从回忆开始吧。本文所回忆的李大钊，是中国共产党的创建者之一。说到那一段历史，我们有必要先回忆这些革命先烈，这些带给我们今天幸福生活的人。请看，他们来了：毛泽东、董必武、李达、李大钊、何叔衡、陈潭秋、周恩来……请记住他们，没有他们当初的抛头颅洒热血，就没有今天的中国，也没有我们安稳幸福的生活。

学生汇报搜集的材料，共享信息，牢记人物。

（2）出示李大钊的简介，初步认识李大钊。

2. 认识回忆录。

介绍回忆录的种类：单篇回忆录、整本书回忆录；中国回忆录、外国回忆录；名人回忆录、普通人回忆录；等等。

学生初步了解回忆录的种类和作用。

3. 认识单元学习目标。

（1）出示单元学习目标：

阅读时，关注神态、言行的描写，体会人物品质。

查阅相关资料，加深对课文的理解。

生齐读目标。

（2）在接下来的学习中，我们要特别关注文中关于李大钊的神态、言行的描写，体会李大钊的品质。同时，还要借助资料，深度了解文字中蕴含的意义。

（二）沉入"十六年前的回忆"

1. 自由读，自由生发感受。

教师提出要求：自由读全文，沉入十六年前的回忆中。特别有感受的地方，做上记号，和同桌分享。

学生读书后交流自己最深的感受。

2. 教读，理性欣赏文本。

（1）教师给出品读支架：回忆录写作有"三亲原则"——亲见，亲闻，亲历。李星华和李大钊同时被捕，这三亲都具备了，有了非常扎实稳固的写作基础。因此，我们有理由相信，这样的回忆录是清晰的，完整的，也是真实的。这也是我们今天欣赏这个单篇回忆录的要点，看看细节是否清晰，故事情节是否完整，革命者的气节展示是否真实。先看第一个关键词：清晰。请看要求——

（课件出示）

快速浏览，标注，感觉"恍如昨日"的清晰细节。

分享朗读，朗读，带读者亲临现场，亲闻细节。

学生按照要求浏览课文，读后交流。

（2）教师提出新要求：关注回忆录中情节的完整问题。请看要求：

（课件出示）

发现"故事碎片"。整篇中读到哪些"小故事"？

探究"串联方法"。此篇中碎片串联的三种方法：①首尾呼应；②时间线索；③"我"的在场。

学生按要求默读，读后交流。

教师根据学生反馈的情况点拨：这些小故事不是凌乱分布的，李星华用了三种方法将它们串联起来。其中"首尾呼应"和"时间线索"大家一看就知道，我们重点看"我"的在场。我事先做了统计，本文共 1826 字，32 段，却有 53 个"我"。请问：既然是回忆父亲李大钊，可是写了这么多的"我"，有什么用呢？

学生展开讨论。

（3）拓展材料，对比思考。孟子说："鱼，我所欲也，熊掌，亦我所欲也；二者不可得兼，舍鱼而取熊掌者也。生，亦我所欲也，义，亦我所欲也；二者不可得兼，舍生而取义者也。"李大钊是铁骨铮铮的好男儿。让我们再还原一段历史吧。想一想，这么一段有力的历史资料，为什么没有在这篇文章中出现？

（课件出示）

李大钊 4 月 6 日被捕，4 月 28 日与其他 20 位革命者被军阀张作霖秘密绞杀，年仅 38 岁。其间敌人许诺高官厚禄，他不动摇；施电椅、老虎凳、拔指甲等酷刑，他没有泄密。李大钊说："大丈夫生于世间，断头流血也要保持气节！"

　　《国民日报》：受刑时，每人约十八分钟。

　　《北洋画报》：李大钊二十分钟始绝。

　　　目击者：李大钊受刑三次，四十分钟。

学生结合回忆录的"三亲原则"展开讨论。

3. 总结梳理。

教师引导学生借助板书总结梳理学到的关于回忆录的知识要点。

教师小结：当我们知道了回忆录写作的要点，知道了如何欣赏一部回忆录，知道了回忆录写作的难点时，真是一种比阅读一两篇回忆录更大的收获。因为这叫得其法。学习，最为可贵的就是得其法。

（三）跳出文本去实践

教师引导学生讨论可以写哪些回忆录。

教师布置小练笔：我给大家找了几幅图，教大家如何为他人写回忆录。请看：

（课件出示）

一本回忆录是这样诞生的

请跟着图，自己选择好需要写的人或者事，按部就班地去实践吧。
祝你好运，祝福你的回忆录早日诞生。

五、 板书设计

十六年前的回忆

怎么写呢？

亲见　亲闻　亲历

清晰　完整　真实

细节　情节　气节

第十讲　回归课程

——以《琥珀》为例

　　在第一讲，我们讲到文本解读最重要、最基本的策略，就是分析矛盾。其实，关于分析矛盾，我们可以再做一些展开。歌德告诉我们："内容人人看得见，含义只有有心人得之，而形式对于大多数人是个秘密。"这说明文本本身是有层次的，文本有不同层次，不同层次有不同矛盾。所以，分析矛盾就要学会分析不同层次的矛盾。

　　如何分析矛盾？首先要找到对立的双方，但这不是最终目的。对立必然走向统一，当然是走向更高层次的统一。所以，矛盾分析的最终目的是要看见更高层次的统一。

　　这一讲，我们要解读的文本统编小学语文教科书四年级下册第5课《琥珀》。我们来看看《琥珀》这个文本，它有着怎样的矛盾呢？其实整个文本可以分成两个部分：第一部分从开头"这个故事发生在很久很久以前，约莫算来，总有几万年了"，到"又是几千年过去了，那些松脂球成了化石"；第二部分从"海风猛烈地吹，澎湃的波涛把海里的泥沙卷到岸边"，到结尾"从那块琥珀，我们可以推测发生在几万年前的故事的详细情形，并且可以知道，在远古时代，世界上就已经有苍蝇和蜘蛛了"。

这样两个部分，形成了第一个层次的矛盾。因为第一部分都是想象出来的，当然想象是有根据的，不是胡思乱想。而第二部分写的都是真实的现实。前面是想象的情景，后面是真实的情景，这就形成了第一对矛盾。

这对矛盾之所以会产生，跟第二层次的矛盾密不可分。那么，第二层次的矛盾又是什么呢？

一方面，整个文本，无论是想象情景，还是真实情景，都有一个叙事逻辑。这个叙事逻辑是什么呢？明眼人一看就清楚，就是时间顺序。故事从头到尾都是按照时间顺序一步一步写下来的。从几万年前开始写，一直写到现在为止。

但是，另一方面，无论是想象情景，还是真实情景，背后都隐藏着另一个逻辑，那就是推测逻辑。因为我们知道，前面所有的想象叙述，都是有依据的，都是从已知出发，来推断未知的可能性。我们知道，叙事逻辑是从过去到现在，而推测逻辑正好相反，是从现在到过去，是根据现在已有的条件、已有的信息，去推测想象过去可能发生的场景和情境。这就是第二层次的矛盾。

当然，矛盾分为主要方面和次要方面。显然，第二层次矛盾的主要方面是推测逻辑。那么，它是怎么推测的呢？

首先，我们来看看：现在，他知道了什么？

现在他所知道的，第一，地点是在海滩；第二，有一块琥珀；第三，琥珀里有两个小虫——一只苍蝇，一只蜘蛛；第四，琥珀里面还有一圈一圈黑色的圆环。这是四个基本信息，是现在知道的。那么，由现在的、已经知道的这四个条件，运用逻辑推理的方式，加上合理的想象，就可以还原出过去的情景，几万年前的情景。

通过推测知道，几万年前的情景是这样的：地点先是在树林里、陆地上，慢慢地到了海里，后来又到了沙滩上。由琥珀推测出松树、阳光、松脂、化石。由两个小虫——苍蝇和蜘蛛，推测出活着的苍蝇和蜘蛛，并且是蜘蛛在捕食苍蝇，否则，蜘蛛和苍蝇怎么能在一起呢？由黑色的圆环，推测出当松脂落下来的时候，小虫子在拼命挣扎，否则，怎么会有一圈一圈黑色的圆环呢？这是整个推测思维的大致过程，也是这个文本的最大秘妙。

无论是想象情景，还是真实情景；无论是叙事逻辑，还是推测逻辑，我们发现，它们之间的衔接是无痕的，是浑然一体的。比如，从想象情景到真实情景之间的界限，我们根本就感觉不到，不知不觉地就从过去写到现在了。而推测逻辑的整个过程我们根本意识不到，因为它完全融入叙事逻辑的整个过程中。就像盐融入水一样，我们没有感觉到作者是在做科学推测，只感觉到作者是在讲故事，讲得那么自然，讲得那么真实，讲得那么具有传奇色彩。总之，两对矛盾，两个不同层次的矛盾，就这样无痕地统一在一起了。所以，矛盾不是为了对立，而是要实现更高层次的统一。

当然，我们今天要讲的是"回归课程"这个文本解读策略。这个策略，也是用来解读文本的，但是，我们会把课程的维度、学生的维度、编者的维度，纳入我们的解读视野。从某种程度上讲，是对文本的教学解读。

回归课程，就是把文本解读看成一个五方会谈。围绕文本，教师、学生、编者、作者，几个维度相互介入，又相互制约。各自发挥着独特作用，各自又受到这些作用的影响。所以，会谈既是一种对话，也是一种协商，还是一种妥协。

其实，我们可以把文本解读分成如下图所示的两个区域：

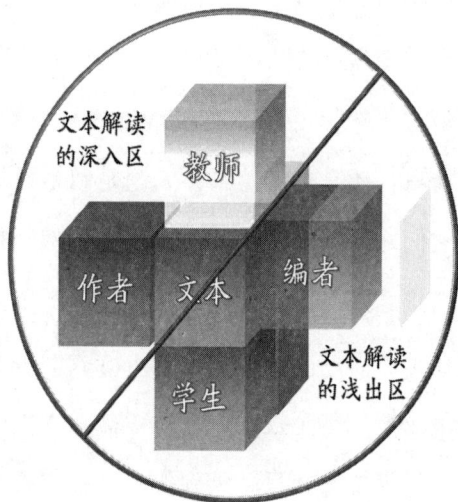

一个区域是教师和作者这一部分，我们称之为文本解读的深入区。就是说，你有多少能力有多少学养，你就尽可能地去开掘文本的意义和价值。而另一个区域是编者和学生这一部分，那是文本解读的浅出区。因为受制于学生的认知特征、接受能力，我们还要站在学生和编者的角度，对文本做出有界的解读，尽可能让文本解读的成果符合学

生的最近发展区。从某种意义上讲，文本解读的浅出区，难度不亚于文本解读的深入区，深入难，浅出同样难。总之，最理想的文本解读，就是要做到，既能深入又能浅出。

会谈的五方，在文本解读中各自扮演着不同的角色，发挥着不同的作用。文本决定教学内容的底色。我们知道，语文教学内容可以分成核心圈、辐射圈和外围圈这样三个层次。核心圈的教学内容通常来自文本最有价值的语文因素，辐射圈的教学内容往往反映文本所承载的多元语文因素，即便是外围圈的教学内容，也跟文本存在着或隐或显、或强或弱的各种联系。一句话，文本决定了教学内容的底色。

作者则是教学内容的背景。虽然作者并不直接参与教学内容的选择，甚至给人一种若无其事的感觉，但事实并非如此，作者所处的时代环境、创作背景，作者的人生经历、人格特质等，都可能成为我们选择文本语文因素、判断语文价值的参照系。

教师理所当然地扮演着教学内容创生者的角色。教学内容最初的发现者、最终的加工者、最佳的统整者、最高的组织者，非教师莫属。文本也罢，作者也罢，提供的只是教学内容的加工素材、教材内容；学生提供了教学内容的加工逻辑、认知特征；编者则提供了教学内容的加工体制、课程意图。而能将四方汇总并创生为适切的教学内容的，只有教师本人。

学生决定了教学内容的最近发展区。学生的学情基础是教学内容的逻辑起点，学生的认知潜能是教学内容的逻辑终点，在起点和终点之间就是教学内容的有效区间——最近发展区。

编者提供了教学内容的课程依据。为什么选择这个文本，而不是那个文本；为什么设定这个单元主题，而不是那个单元主题；为什么这些文本成为一组，而不是那些文本成为一组；为什么这些文本安排在这个学段，而不是那个学段；等等。背后的考量，都反映着编者的课程理念和课程意图。

当然，在教学内容的加工过程中，遵循这些依据的却不是编者，也不是学生，而是教师。所以，回归课程是五方会谈，但五方会谈的灵魂还是教师。这是语文教师的责任，也是语文教师的良知。

下面，我们就运用回归课程这个策略，来解读《琥珀》这个文本。

与编者意图会谈

我们来看看文本所处的单元。我们知道，统编小学语文教科书从三年级开始，就有了明确的主题单元。通常，单元内容是按照双线并进的结构来组织的。所谓双线，就是人文主题和语文要素。《琥珀》所在的单元，人文主题是这样的：

> 蓝天、森林、大海，过去、现在、未来，述说着自然的奥秘，科技的精彩……

从人文主题看，这个单元跟探索自然奥秘、了解科技发展相关。

显然,《琥珀》这个文本内容,就跟探索自然奥秘有着密切联系。

那么,这个单元的语文要素是什么呢?

阅读时能提出不懂的问题,并试着解决。

展开奇思妙想,写一写自己想发明的东西。

从编者意图看,语文要素涉及两个方面:第一个方面指向阅读学习;第二个方面指向习作学习。比如,阅读时能提出不懂的问题,并试着解决,这是指向阅读学习的语文要素。展开奇思妙想,写一写自己想发明的东西,这是指向习作学习的语文要素。我们对《琥珀》这个文本的解读,主要是从阅读学习的要素切入。就是说,我们在解读《琥珀》的过程中,要想到学生可能会提出哪些不懂的问题,这些问题应该如何去解读。这其中,渗透着某种阅读思维和阅读策略。

我们再来看看《琥珀》这篇课文的课后思考和练习。要把握编者意图,往往要去分析、把握课后思考和练习,它们同样属于语文教材的一个系统。课后思考与练习第一题是这样的:

默读课文,提出不懂的问题,并试着解决。如,课文为什么说"从那块琥珀,我们可以推测发生在几万年前的故事的详细情形"?

这道题目的意图明显指向单元语文要素,题目中所举的这个例子包含着很重要的信息。第一，抓住什么来提问？第二，怎么提问？第三，用怎样一种方式把提问表达出来？而这个例子也是紧扣单元语文要素的。

课后思考与练习第二题是这样的：

> 用自己的话说说这块琥珀形成的过程。

如果围绕单元语文要素，可以把这个练习分解为几个小问题。比如，琥珀的形成分成哪几个阶段？每一个阶段有着怎样的特点？这样一来，复述练习就跟单元语文要素结合起来了。

课后思考与练习第三题是这样的：

> "推测"是什么意思？联系琥珀形成的过程，说说下面推测的依据是什么。
>
> 1. 晌午的太阳热辣辣地照射着整个树林。许多老松树渗出厚厚的松脂，松脂在太阳光里闪闪地发出金黄的光。
>
> 2. 一大滴松脂从树上滴下来，刚好落在树干上，把苍蝇和蜘蛛一齐包在里头。

这又涉及单元语文要素——提出不懂的问题，并试着自己解决。它是把课后思考与练习第一题给细化了。"从那块琥珀我们可以推测发生在几万年前的故事的详细情形"呢，这是关键句子，围绕这个关键句子可以提出问题；"推测"一词在这个关键句子中，是关键词语，围绕这个关键词语也可以提出问题。其实，这个练习提供了某种思考支架，就是由推测的现象去寻找推测的依据，这里面渗透着对逻辑思维、想象思维的训练。

课后思考与练习第四题是这样的：

读下面的"阅读链接"，找出课文中的相关段落，体会它们在表达上的不同。

> 阅读链接：
>
> 　　如果你留心观察一些裂开的或受过损伤的松柏类或桃树、槐树的树干，会发现树干上分泌出了黄色透明的树脂，它们便是琥珀的前身。正是这些树脂经过漫长的岁月，最终形成了琥珀。
>
> 　　天然琥珀的形成可以简单分成三个阶段：树脂→硬树脂→琥珀。从树干分泌出来的树脂带着浓浓的香味，可以流动；树脂被砂泥等沉积物掩埋后，地下深处的高温和高压，导致树脂中的有机物挥发，树脂变成硬树脂；在高温和高压的持续作用下，硬树脂中的有机物进一步挥发，硬树脂最终石化形成了琥珀。
>
> 　　——根据王文利的《琥珀物语》相关内容改写

这涉及不同文体的不同表达风格。《琥珀》属于科学小品文。

它既有科学的严谨，又有文学的生动，是诗和科学的结合。而"阅读链接"的文段显然是说明性文章，它的表达要求主要是准确、严谨，跟《琥珀》的风格是不一样的。当然，这个"阅读链接"也可以成为我们落实单元语文要素的资源。

综合全部的课后思考与练习，我们发现，落实单元语文要素的意图是非常明显的，也是非常集中的。它要求我们在阅读教学中，一定要引导学生提出不懂的问题，一定要引导学生用各种方法试着去解决提出的问题。

最后，我们再来看看"语文园地"。语文园地也透露着编者的课程意图。在语文园地的"交流平台"上，编者设计了这样的内容：

遇到不懂的问题，应该怎么解决呢？

一个说：我通常会联系上下文，并结合生活经验来解决问题。

一个说：查资料可以帮助我们理解不懂的问题。如，为什么"从那块琥珀，我们可以推测发生在几万年前的故事的详细情形"？我查资料知道了琥珀的形成需要几万年。

一个说：我是请教别人后知道的。

这个"交流平台"上所交流的内容非常重要。因为，事实上，它为学生提供了解决问题的几种最常见的方法。第一种，联系上下文；

第二种，结合生活经验；第三种，查资料；第四种，请教别人。当然，这些方法既可以单独使用，也可以综合运用。很显然，这个"交流平台"，也是指向单元语文要素的落实的。

现在，我们综合单元语文要素、课后思考与练习、语文园地中的"交流平台"，再结合《琥珀》这个文本的解读秘妙，重新确定解读文本的切入角度。我觉得，这个切入角度可以这样定位：

在阅读中提出不懂的问题，并试着用查资料的方法解决问题。

为什么将解决问题的方法确定为"查资料"一种呢？因为，《琥珀》涉及的知识都是非常专业的，包括：古生物知识、地质学知识、宝石学知识等。这些专业知识，通过联系上下文是解决不了的；向别人请教，这样的专业人士也很难遇到；联系生活经验，孩子们平时哪来这样的生活经验？所以，最适合、最有效的方法，就是查资料。

切入角度确定之后，我们就可以重新解读《琥珀》这个文本了，所不同的是，现在是运用回归课程、五方会谈的策略来解读文本。

与学生的认知特征会谈

在解读时，毫无疑问，我们重点要考量的是这样两个问题：

第一，孩子们可能会提出哪些不懂的问题？

第二，应该如何引导孩子们通过查资料来解决这些问题？

问题的提出，背后涉及的一定是思维方式。在分析矛盾时，我们已经发现，《琥珀》这个文本隐藏最深的就是推测思维。推测跟想象不一样，推测首先要有一定的已知条件、已知信息，然后根据已知条件和已知信息，运用逻辑思维、直觉思维和想象思维来分析各种未知的可能性。所以，推测是从已知到未知，它是有理有据的，必须符合一定的逻辑，这就是文本背后所隐藏的思维方式。而这种推测思维，《琥珀》的最后一句话把它点了出来——"从那块琥珀，我们可以推测发生在几万年前的故事的详细情形"。"那块琥珀"是已知条件，"推测"是思维方式，"几万年前的故事的详细情形"是未知状况。

前面，我们分析了已知条件是海滩、琥珀、苍蝇、蜘蛛、黑色圆环。运用推测思维，通过合理想象，还原出几万年前的未知状态，让我们看到那个故事的详细情形。对《琥珀》，我们只要读到这个层次就行了。为什么呢？因为读到这个层次，就可以把单元语文要素落到实处。

我们看，在推测过程中会产生各种各样的问题，这些问题，几乎都可以通过查资料的方法来解读。

第一，可以引导学生通过高频词语提出不懂的问题。《琥珀》有一个词语出现的频率特别高——松脂。你看，"那里长了许多高大的松树，太阳照得火热，可以闻到一股松脂的香味"，这是第一次出现。"许多老松树渗出厚厚的松脂"，这是第二次出现。"松脂在太阳光里闪闪地发出金黄色的光"，这是第三次出现。"一大滴松脂从树上滴下来"，这是第四次出现。"松脂继续滴下来"，"最后积成一个松脂球"（"松脂球"这个词里也包含"松脂"）。后面就是三次出现松脂球。"松脂"这个词语，一共出现了10次，这是个高频词。

如何提出不懂的问题呢？抓住高频词就可以提出有价值的问题。什么问题？题目是"琥珀"，但是"松脂"这个词如此高频，请问，松脂跟琥珀之间有什么关系呢？这个问题，文本没有直接回答。但是通过梳理，我们知道，松脂球的化石就是琥珀，也就是说，没有松脂，就没有松脂球；没有松脂球，就没有琥珀。

这就需要我们查资料来印证了。我们找到《现代汉语词典》对琥珀的注释：

> 琥珀，古代松柏树枝的化石，成分是$C_{10}H_{16}O$，淡黄色、褐色或红褐色的固体，质脆，燃烧时有香气，摩擦时生电。用来制造琥珀酸和各种漆，也可做装饰品，可入药。

查阅资料后得到验证了，琥珀就是古代松柏树枝的化石。所以，结合资料最终解决了这个问题。

第二，可以引导学生通过关键语句提出不懂的问题。《琥珀》全文最关键的是结尾这一句："从那块琥珀，我们可以推测发生在几万年前的故事的详细情形。"如何提出不懂的问题？抓住关键句就可以提出有价值的问题：为什么从那块琥珀就可以推测发生在几万年前的故事的详细情形呢？

我们刚才说了，推测必须有依据，必须有专业知识的支撑，必须符合逻辑。那么作者做这样的推测，有没有专业知识的支撑呢？是哪些专业知识在支撑作者做出这样既生动有趣又科学严谨的推测呢？

继续查资料，在《微体古生物学报》中找到这样一段资料：

琥珀是一种石化的树脂化石，由深埋地下的松柏类、豆科等植物树脂历经漫长地质作用后形成。它们往往保存了古动物的软组织信息、原始死亡状态、生存环境等，这都是传统化石难以具备的优点，为研究古生态系统提供了一个崭新的视角。

这是权威的科学知识，我们可以根据现在发现的琥珀去推测远古时期那些古生物的状态，包括它们所处的生存环境。通过查资料，这个问题就解决了。

第三，可以引导学生通过发现矛盾提出不懂的问题。前面我们已经做了一些矛盾分析，比如，一开始，这个故事发生的地点是在树林里，在一大片松树林里，松脂、松脂球都是在松树林里。但是，到了后来，这块琥珀是在海滩边被发现的。一个在陆地，一个在海边；一个在树林里，一个在沙滩上，这就是矛盾。如何提出不懂的问题？抓住文本之间的矛盾就可以提出有价值的问题：为什么松脂球在树上，而那块琥珀却在沙滩上被发现？按照常理，既然松脂球在松树上，琥珀也应该在松树上被发现才是呀。

这又涉及非常专业的宝石学知识了。而如此专业的知识，我们只能通过查资料来解决。在《系统宝石学》中就有这样的记载：

琥珀的形成一般有三个阶段，第一阶段是树脂从松树、柏树上分泌出来；第二阶段是树脂被深埋，并发生石化作用，树脂的成分、结构和特征都发生明显变化；第三阶段是石化树脂被冲刷、搬运、沉积和发生成岩作用，从而形成琥珀。

你看，琥珀的形成有一个漫长的过程。尤其是第三阶段，需要经过冲刷，搬运，沉积，需要发生成岩作用，最后才会形成琥珀。从陆地到海洋，从树林到沙滩，就体现了冲刷、搬运、沉积的过程。于是，问题迎刃而解。

我们还发现，查证到的这段资料，跟课后思考与练习第四题的"阅读链接"基本是一致的。所以，阅读链接同样可以作为查资料解决问题的一个资源。

第四，引导学生通过互文比较提出不同的问题。在统编版《琥珀》中，我们关注一下涉及时间的词语：几万年；几十年、几百年、几千年；又是几千年；最后几万年。我们发现，它的时间跨度最多就是几万年。但是，我们通过查资料发现，《中国大百科全书》对琥珀下的定义是：

琥珀诞生于四千万年至六千万年前，属于地质学上所称的"始新世纪"，是珍贵的松树脂在历经地球岩层的高压、高热挤压作用之后，产生质变的化石。

请特别注意，时间不是几万年，不是几百万年，是几千万年。琥珀是诞生在四千万年至六千万年前的化石。注意啊，这是《中国大百科全书》，绝对权威，绝对可靠。那就说明，现在统编教材的《琥珀》，对时间的表述是错误的。这个错误，是作者本人柏吉尔自己造成的，还是在翻译过程中造成的，还是编者改动时造成的，我们现在不得而知。因为，最原始的德文版的《琥珀》我们至今还没有找到。但是，这个问题是存在的。科学小品文，必须尊重科学，不能出现知识性错误，这是最起码的底线要求。

以上，我们运用回归课程的解读策略重新解读了《琥珀》这个文本。回归课程，就是五方会谈，围绕着文本这个中心，把作者、编者、学生、教师汇聚在一起，既互相印证，又互相制约。回归课程的实质，就是对文本做出教学解读。也就是说，要把编者的意图、学生的认知特征也纳入解读视野。所以，这样的解读就不再是一种纯粹的解读，不再是一种原生态的解读，而是一种基于教学、为了教学的解读，这将在很大程度上影响和制约文本解读的方向和深度。

对文本进行教学解读的最终目的只有一个，就是实现文本、教师、学生、作者和编者等多重视域的融合。

附：

合理选用方法，有效解决问题

——《琥珀》（两课时）教学设计

陕西师范大学附属小学　王林波

一、 教材内容

统编小学语文教科书四年级下册第 5 课。

二、 教学理念

这篇课文介绍了一块琥珀形成的过程，作者将推测与生动有趣的故事相融合，因而文章读起来趣味性很强，语言表达也很生动，与一般的平实性说明文截然不同。

教学这篇经典的老课文，我们必须大胆突破以往教学经验带来的束缚，必须吃透统编教材编者赋予这篇课文的新意义，要在学生提出问题的基础上，引导学生学习解决问题的方法。

1. 层层推进，引导学生学会解决问题的方法。这篇课文是本单元的第一篇课文，承担着教给学生解决问题的方法的重任。教学时，我们应紧扣重点句段，层层推进，引导学生初步掌握联系上下文和借助资料解决问题的方法。

2. 尝试运用，帮助学生巩固解决问题的方法。任何一种能力的形成都离不开一定量的实践练习。在前面初步掌握解决问题的方法后，我们可以结合课文内容，创设问题情境，引导学生运用方法，实践练习，从而掌握最基本的解决问题的方法。

3. 对比品析，发现课文语言表达的风格特点。课文语言表达生动形象，极具画面感，很值得学习。教学时，我们可以借助课后的"阅读链接"，引导学生进行对比，从而发现课文语言表达的风格特点。

4. 尝试表达，在语言实践中提升语用的能力。作者紧扣"推测"，写出了这篇极具故事性的文章，教学时，我们也可以引导学生进行推测，尝试表达，从而有效训练学生的逻辑思维能力，同时提升学生的语言表达能力。

三、 教学目标

1. 核心目标：能提出自己不懂的问题，并尝试解决。

2. 条件目标：认识"琥""珀"等 11 个生字，读准多音字"扎"，会写"怒""吼"等 15 个字，会写"怒吼""松脂"等 15 个词语。能用自己的话说出这块琥珀的形成过程，理解作者推测这块琥珀形成的依据。

四、 教学过程

（一） 导入新课，初识琥珀

1. 出示图片，认识琥珀。

同学们，我们来看几幅图片，看看这些都是什么？（出示塑料制品、玻璃制品、玉石、琥珀等图片，学生辨认。）

2. 板书课题，认读"琥珀"。

（二） 学习字词，提出问题

1. 自由读课文，注意读准字音，读通课文。

2. 认读词语。

（1）认读词语，说说读完每行词语，你想到了课文中的哪种事物？（几种事物依次为太阳、松树、苍蝇、蜘蛛、大海。）

晌午	火辣辣
渗出	松脂
拂拭	挣扎
划动	美餐
怒吼	澎湃

（2）教师说事物名称，学生读词语。

3. 提出问题，进行梳理。

（1）再次默读课文，提出自己想要知道的问题，写在便利贴上。

（2）小组交流，梳理问题，筛选出对理解课文有帮助的两三个问题来。

（3）交流，说说你们筛选出的问题是什么。

问题预设：什么是琥珀？琥珀是怎样形成的？

（三）层层推进，指点方法

1. 同学们，我们先来看第一个问题：什么是琥珀？解决这个问题并不难，课文中就有答案，你觉得我们应该读课文哪一段？

2. 请同学们聚焦第 18 自然段，自由读，说说你知道了琥珀的哪些知识，相互分享。

（交流要点：琥珀是透明的，里面可能会有小虫子，琥珀的形成需要很长时间。）

3. 教师小结：提出问题后我们要尝试着解决，有时候联系上下文就能解决。要解决提出的问题，你还有没有其他方法？（预设：问别人，查找资料。）

4. 请同学们阅读下面的资料，看看你又了解到了什么？

课件出示：

　　琥珀，是一种透明的生物化石，是松柏科、云实科、南洋杉科等植物的树脂化石。树脂滴落，掩埋在地下千万年，在压力和热力的作用下石化形成琥珀，有的内部包有蜜蜂等小昆虫，奇丽异常。琥珀大多数由松科植物的树脂石化形成，故又被称为"松脂化石"。

琥珀的形状多种多样，表面及内部常保留着当初树脂流动时产生的纹路，内部经常可见气泡及古老昆虫、动物或植物碎屑。

常见琥珀种类：金珀，金蓝珀，绿茶珀，红茶珀，血珀，棕红珀，蓝珀，绿珀，虫珀等。

2016 年 3 月 6 日，中国科学家发现了至今为止世界上最为古老的琥珀矿石，其年龄在 9900 万岁左右。

5. 在联系上下文和阅读资料的基础上，说说现在你对琥珀的了解。

（四）实践运用，巩固方法

1. 刚刚我们解决了第一个问题，也掌握了一些解决问题的方法，现在，我们来看第二个问题：琥珀是怎样形成的？要解决这个问题，你准备用哪种方法？（联系上下文、查找资料。）

2. 我们先来用联系上下文的方法试着解决这个问题，你觉得我们应该读课文哪几个自然段？

（1）学生默读第 2—12 自然段，汲取有效信息，尝试着解决问题。

（2）尝试着借助事物名称来说一说琥珀形成的过程。

太阳　松树　苍蝇　蜘蛛　海水

（3）大家通过联系上下文已经弄清楚了琥珀形成的过程，刚刚我们还学到了另一种解决问题的方法——查资料。课后就有资料，我们赶快看看，是不是可以帮助我们解决这个问题。

课件出示课后"阅读链接"：

如果你留心观察一些裂开的或受过损伤的松柏类或桃树、槐树的树干，会发现树干上分泌出了黄色透明的树脂，它们便是琥珀的前身。正是这些树脂经过漫长的岁月，最终形成了琥珀。

天然琥珀的形成可以简单分成三个阶段：树脂→硬树脂→琥珀。从树干分泌出来的树脂带着浓浓的香味，可以流动；树脂被砂泥等沉积物掩埋后，地下深处的高温和高压，导致树脂中的有机物挥发，树脂变成了硬树脂；在高温和高压的持续作用下，硬树脂中的有机物进一步挥发，硬树脂最终石化形成了琥珀。

（4）谁能借助资料袋中的示意图，用简洁的语言再来说一说琥珀形成的过程？

树脂→硬树脂→琥珀

（五）对比品析，学习表达

1. 课后的"阅读链接"和这篇课文都在讲琥珀形成的过程，表达方式有什么不同？同桌讨论。

2. 全班交流，明白课文中的表达更生动。

3. 你觉得课文还有哪些地方写得也很生动，自己练习读一读。教师相机出示重点句，指导朗读，引导学生体会表达的生动。

课件出示：

（1）蜘蛛刚扑过去，突然发生了一件可怕的事情：一大滴松脂从树上滴下来，刚好落在树干上，把苍蝇和蜘蛛一齐包在里头。

（2）两只小虫都被淹没在老松树黏稠的黄色泪珠里。它们前俯后仰地挣扎了一番，终于不动了。

4. 引发深度思考：课文一开始就写道："这个故事发生在很久很久以前，约莫算来，总有几万年了。"可是——

课件出示：

柏吉尔（1804—1882），德国科学家、科普作家。著有作品集《乌拉波拉故事集》《活动》《爱的代价》。著名的《琥珀》一文就是根据《乌拉波拉故事集》中的故事改写的。从大体上看，《乌拉波拉故事集》属于科普小品。但由于以讲故事的形式写作，使本来较为枯燥深奥的科学知识变得如此生动有趣，吸引小读者，所以也有人说《乌拉波拉故事集》是童话。

师引导：大家注意，柏吉尔出生于 1804 年，1882 年去世的，用数学的方式算一算，发现了什么？（引导学生发现课文中写到的苍蝇、蜘蛛以及松林里面发生的事情是几万年以前的，柏吉尔不可能知道。）

师引导：柏吉尔不可能看到几万年以前发生的事情，是不是意味着这篇文章是瞎编的？你怎么看？

5. 引导学生关注"推测"一词，说说这作者是根据什么推测两个场景的。

（1）蜘蛛刚扑过去，突然发生了一件可怕的事情：一大滴松脂从树上滴下来，刚好落在树干上，把苍蝇和蜘蛛一齐包在里头。——（在那块透明的琥珀里，两个小东西仍旧好好地躺着。）

（2）两只小虫都被淹没在老松树黏稠的黄色泪珠里。它们前俯后仰地挣扎了一番，终于不动了。——（因为它们的腿的四周显出好几圈黑色的圆环。）

6. 课文中写道："可以想象它们当时在黏稠的松脂里怎样挣扎，因为它们的腿的四周显出好几圈黑色的圆环。"请你试着推测一下，这只苍蝇，或者这只蜘蛛是怎样挣扎的。试着写一写，尽量做到生动。

课件出示：

一大滴松脂从树上滴下来，刚好落在树干上，把苍蝇和蜘蛛一齐包在里头。苍蝇_____。

一大滴松脂从树上滴下来，刚好落在树干上，把苍蝇和蜘蛛一齐包在里头。蜘蛛_____。

7. 学生尝试着写一写，教师巡视指导。

8. 全班交流。

五、 板书设计

琥 珀

太阳　　　　松树

苍蝇　　　　蜘蛛

海水